中共甘肃省委党校（甘肃行政学院）2020年度创新工程科研咨询项目"甘宁青民族地区农村相对贫困人口识别和长效治理机制研究"阶段性成果。

中国非洲研究院文库·中国脱贫攻坚调研报告

主编 蔡昉

国家智库报告
2020 National Think Tank

中国脱贫攻坚调研报告

——临夏篇

RESEARCH REPORTS ON THE ELIMINATION OF POVERTY IN CHINA
—LINXIA HUI AUTONOMOUS PREFECTURE, GANSU PROVINCE

王永明 马学清 著

中国社会科学出版社

图书在版编目(CIP)数据

中国脱贫攻坚调研报告. 临夏篇／王永明等著. —北京：中国社会科学出版社，2020.5

（国家智库报告）

ISBN 978 – 7 – 5203 – 6688 – 5

Ⅰ.①中… Ⅱ.①王… Ⅲ.①扶贫—调查报告—临夏回族自治州 Ⅳ.①F126

中国版本图书馆 CIP 数据核字（2020）第 103391 号

出 版 人	赵剑英	
项目统筹	王 茵	
责任编辑	李海莹	刘 洋
责任校对	周 昊	
责任印制	李寡寡	

出　　版	中国社会科学出版社	
社　　址	北京鼓楼西大街甲 158 号	
邮　　编	100720	
网　　址	http://www.csspw.cn	
发 行 部	010 – 84083685	
门 市 部	010 – 84029450	
经　　销	新华书店及其他书店	

印刷装订	北京君升印刷有限公司
版　　次	2020 年 5 月第 1 版
印　　次	2020 年 5 月第 1 次印刷

开　　本	787 × 1092　1/16
印　　张	11
插　　页	2
字　　数	135 千字
定　　价	59.00 元

凡购买中国社会科学出版社图书，如有质量问题请与本社营销中心联系调换
电话：010 – 84083683
版权所有　侵权必究

充分发挥智库作用
助力中非友好合作

——"中国非洲研究院文库"总序

  当今世界正面临百年未有之大变局。世界多极化、经济全球化、社会信息化、文化多样化深入发展，和平、发展、合作、共赢成为人类社会共同的诉求，构建人类命运共同体成为各国人民共同的愿望。与此同时，大国博弈激烈，地区冲突不断，恐怖主义难除，发展失衡严重，气候变化凸显，单边主义和贸易保护主义抬头，人类面临许多共同挑战。中国是世界上最大的发展中国家，是人类和平与发展事业的建设者、贡献者和维护者。2017年10月中共十九大胜利召开，引领中国发展踏上新的伟大征程。在习近平新时代中国特色社会主义思想指引下，中国人民正在为实现"两个一百年"奋斗目标和中华民族伟大复兴的"中国梦"而奋发努力，同时继续努力为人类作出新的更大的贡献。非洲是发展中国家最集中的大陆，是维护世界和平、促进全球发展的重要力量之一。近年来，非洲在自主可持续发展、联合自强道路上取得了可喜进展，从西方眼中"没有希望的大陆"变成了"充满希望的大陆"，成为"奔跑的雄狮"。非洲各国正在积极探索适合自身国情的发展道路，非洲人民正在为实现《2063年议程》与和平繁荣的"非洲梦"而努力奋斗。

中国与非洲传统友谊源远流长，中非历来是命运共同体。中国高度重视发展中非关系，2013年3月习近平担任国家主席后首次出访就选择了非洲；2018年7月习近平连任国家主席后首次出访仍然选择了非洲；6年间，习近平主席先后4次踏上非洲大陆，访问坦桑尼亚、南非、塞内加尔等8国，向世界表明中国对中非传统友谊倍加珍惜，对非洲和中非关系高度重视。2018年中非合作论坛北京峰会成功召开。习近平主席在此次峰会上，揭示了中非团结合作的本质特征，指明了中非关系发展的前进方向，规划了中非共同发展的具体路径，极大完善并创新了中国对非政策的理论框架和思想体系，这成为习近平新时代中国特色社会主义外交思想的重要理论创新成果，为未来中非关系的发展提供了强大政治遵循和行动指南。这次峰会是中非关系发展史上又一次具有里程碑意义的盛会。

随着中非合作蓬勃发展,国际社会对中非关系的关注度不断提高,出于对中国在非洲影响力不断上升的担忧,西方国家不时泛起一些肆意抹黑、诋毁中非关系的奇谈怪论,诸如"新殖民主义论""资源争夺论""债务陷阱论"等,给中非关系发展带来一定程度的干扰。在此背景下,学术界加强对非洲和中非关系的研究,及时推出相关研究成果,提升国际话语权,展示中非务实合作的丰硕成果,客观积极地反映中非关系良好发展,向世界发出中国声音,显得日益紧迫和重要。

中国社会科学院以习近平新时代中国特色社会主义思想为指导,努力建设马克思主义理论阵地,发挥为党的国家决策服务的思想库作用,努力为构建中国特色哲学社会科学学科体系、学术体系、话语体系作出新的更大贡献,不断增强我国哲学社会科学的国际影响力。中国社会科学院西亚非洲研究所是当年根据毛泽东主席批示成立的区域性研究机构,长期致力于非洲问题和中非关系研究,基础研究和应用研究并重,出版和发表了大量学术专著和论文,在国内外的影响力不断扩大。以西亚非洲研究所为主体于2019年4月成立的中国非洲研究院,是习近平总书记在中非合作论坛北京峰会上宣布的加强中非人文交流行动的重要举措。

按照习近平总书记致中国非洲研究院成立贺信精神，中国非洲研究院的宗旨是：汇聚中非学术智库资源，深化中非文明互鉴，加强治国理政和发展经验交流，为中非和中非同其他各方的合作集思广益、建言献策，增进中非人民相互了解和友谊，为中非共同推进"一带一路"合作，共同建设面向未来的中非全面战略合作伙伴关系，共同构筑更加紧密的中非命运共同体提供智力支持和人才支撑。中国非洲研究院有四大功能：一是发挥交流平台作用，密切中非学术交往。办好"非洲讲坛""中国讲坛""大使讲坛"，创办"中非文明对话大会"，运行好"中非治国理政交流机制""中非可持续发展交流机制""中非共建'一带一路'交流机制"。二是发挥研究基地作用，聚焦共建"一带一路"。开展中非合作研究，对中非共同关注的重大问题和热点问题进行跟踪研究，定期发布研究课题及其成果。三是发挥人才高地作用，培养高端专业人才。开展学历学位教育，实施中非学者互访项目，培养青年专家、扶持青年学者和培养高端专业人才。四是发挥传播窗口作用，讲好中非友好故事。办好中国非洲研究院微信公众号，办好中英文中国非洲研究院网站，创办多语种《中国非洲学刊》。

为贯彻落实习近平总书记的贺信精神，更好地汇聚中非学术智库资源，团结非洲学者，引领中国非洲研究工作者提高学术水平和创新能力，推动相关非洲学科融合发展，推出精品力作，同时重视加强学术道德建设，中国非洲研究院面向全国非洲研究学界，坚持立足中国，放眼世界，特设"中国非洲研究院文库"。"中国非洲研究院文库"坚持精品导向，由相关部门领导与专家学者组成的编辑委员会遴选非洲研究及中非关系研究的相关成果，并统一组织出版，下设六大系列丛书："学术著作"系列重在推动学科发展和建议，反映非洲发展问题、发展道路及中非合作等某一学科领域的系统性专题研究或国别研究成果；"经典译丛"系列主要把非洲学者以及其他方学者有关非洲问题研究的经典学术著作翻译成中文出版，特别注重全面反映非洲本土学者的学术水平、学术观点和对自身发展问题的认识；"法律译丛"系列即翻译出版非洲国家的投资法、矿业法、建筑法、环保法、劳动法、税法、海关法、土地法、金融法、仲裁法等等重要法律法规，以及非洲大陆、区域和次区域组织法律文件；"智库报告"系列以中非关系为研究主线，中非各领域合作、国别双边关系及中国与其他国际角色在非洲的互动关系为支撑，客观、准确、翔实地反映中非合作的现状，为新时代中非关系顺利发展提供对策建议；"研究论丛"系列基于国际格局新变化、中国特色社会主义进入新时代，集结中国专家学者研究非洲政治、经济、安全、社会发展等方面的重大问题和非洲国际关系的创新性学术论文,具有学科覆盖面、基础性、系统性和标志性研究成果的特点;"年鉴"系列是连续出版的资料性文献,设有"重要文献""热点聚焦""专题特稿""研究综述""新书选介""学刊简介""学术机构""学术动态""数据统计""年度大事"等栏目,系统汇集每年度非洲研究的新观点、新动态、新成果。

期待中国的非洲研究和非洲的中国研究在中国非洲研究院成立的新的历史起点上,凝聚国内研究力量,联合非洲各国专家学者,开拓进取,勇于创新,不断推进我国的非洲研究和非洲的中国研究以及中非关系研究,从而更好地服务于中非共建"一带一路",助力新时代中非友好合作全面深入发展。

中国社会科学院副院长
中国非洲研究院院长
蔡　昉

摘要： 临夏州位于黄河上游、甘肃中部西南面，地处青藏高原向黄土高原、西部牧区向东部农区的过渡地带，自然条件严酷，经济基础薄弱，是国家深度贫困地区脱贫攻坚重点支持的"三区三州"之一，所属8个县市均为六盘山集中连片特困片区扶贫开发重点县。多年来临夏州人民与严酷的自然条件和贫困相抗争，付出了超常的努力。2013年2月习近平总书记视察临夏州，嘱托"要把水引来，把路修通，把新农村建设好"，鼓励乡亲们发扬自立自强精神，找准发展路子，苦干实干，改善生产生活条件，早日改变贫困面貌。中共中央政治局常委、全国政协主席汪洋先后3次来到临夏州调研脱贫攻坚工作。

在习近平总书记等中央领导同志的亲切关怀下，临夏州按照精准扶贫的要求，立足实际，精准施策，用足用好国家扶贫政策，借助东西部协作扶贫和中央单位定点帮扶之力，狠抓产业扶贫、就业扶贫、金融扶贫、易地搬迁扶贫，拓宽致富路子，增强致富能力，补齐饮水、交通、电力等基础设施短板，增强住房和医疗保障，创新教育扶贫，融通扶贫扶德扶志，深入发掘资源潜力，充分激发贫困群众内生动力，向着以习近平同志为核心的党中央关于"全面建成小康社会，一个不能少；共同富裕路上，一个不能掉队"的宏伟目标阔步前进。截至2020年3月底，临夏州贫困人口从2013年底的56.32万人减少到3.25万人、累计减贫53.07万人，贫困发生率从32.5%下降到1.78%、下降30.72个百分点，583个贫困村脱贫退出，临夏市、广河县、和政县、康乐县、永靖县、积石山县6个县脱贫摘帽。临夏州脱贫攻坚工作正处在从取得决定性成就向夺取全面胜利总攻的冲刺阶段，下一步"临夏州将集中兵力打好深度贫困歼灭战，确保3.25万农村剩余贫困人口全部脱贫，66个贫困村全部退出，两个贫困县摘帽，与全省全国同步全面建成小康社会。"

"全面建成小康社会、实现第一个百年奋斗目标，农村贫困人口全部脱贫是一个标志性指标"。未来，临夏州将围绕高质量发展，以巩固脱贫攻坚成果为总抓手，以贫困村为主战场，以解决相对贫困问题为主线，着力构建解决相对贫困的长效机制，提升临夏州农村发展能力，推进乡村振兴战略的实施。

本报告在临夏州委州政府相关文件资料的基础上，通过实地考察，人物访谈，文献研读，媒体资料收集等方式，展示了临夏州脱贫攻坚工作概貌，归纳了扶贫脱贫经验，从贫困群众和帮扶干部的视角分享了扶贫脱贫的典型故事。《报告》共八章，介绍了改革开放以来临夏州脱贫攻坚工作概况、精准扶贫的举措、案例及经验。

关键词：精准扶贫；临夏州；实践；经验

Abstract: LinxiaHui Autonomous Prefecture is located in the upper reaches of the Yellow River and southwest of central Gansu Province. It is located in the transition zone from the Qinghai-Tibet Plateau to the Loess Plateau and from the western pastoral area to the eastern agricultural area. With harsh natural conditions and weak economic foundation, Linxia Hui Autonomous Prefecture is one of the "three regions and three prefectures" supported by national poverty-stricken areas, with its eight counties and cities being the key counties of poverty alleviation and development in Liupanshan. In February 2013, General Secretary of the CPC Central Committee Xi Jinping inspected Linxia Prefecture, instructing "to bring in water, build roads, and build a new countryside". Wang Yang, Chairman of the National Committee of the Chinese people's Political Consultative Conference, has come to Linxia Prefecture for three times to investigate and tackle poverty.

Under the cordial care of General Secretary Xi Jinping and other central leaders, Linxia Prefecture paid close attention to poverty alleviationby major projects, finding jobs elsewhere, poor resident relocation, finance, improving education and nurturing of talent, supplemented the infrastructure shortage of drinking water, transportation, electricity, etc., strengthened housing security and medical security, fully stimulated the endogenous impetus of the poor by comprehensive application of "supporting morality, ambition and wisdom". Now Linxia is striding forward towards the grand goal of "building a moderately prosperous society in an all-round way, one cannot be left behind; on the road to common prosperity, one cannot be left behind".

Linxia Prefecture has made decisive achievements in poverty alleviation. By the end of March 2020 the poverty population decreased from 563,200 at the end of 2013 to 32,500, and the cumulative poverty reduction was 530,700. The incidence of poverty decreased from 32.5% to 1.78%, 583 poor villages were lifted out of poverty, and 6 cities and counties were removed from the poverty list. In the next step, Linxia Prefecture will fight the deep poverty eradication battle to ensure that all the 35,200 remaining surplus rural poor people, 66 impoverished villages and 2 impoverished counties will be lifted out of poverty. Linxia Prefecture will complete the building of a moderately prosperous society in all respects in synchronization with the whole province and the whole country.

This reporthas eight chapters, introduces the general situation and measures of poverty alleviation work in Linxia Prefecture since the reform and opening-up, based on the relevant documents of the Linxia Hui Autonomous Prefecture Government, through field visits, character interviews, literature research, and media information collection. It also shares typical cases and practical experience.

Keywords: targeted poverty alleviation; Linxia Hui Autonomous Prefecture; practice and experience

目 录

前言
　　——从古河州之贫到新临夏之富的华丽蝶变 ············ (1)

一　改革开放以来临夏州经济社会发展概况 ············ (1)
　（一）临夏州概况 ·· (1)
　（二）改革开放以来临夏州扶贫开发工作回顾 ·········· (5)
　（三）2011—2020年临夏州扶贫开发工作的政策
　　　　演进与实践 ··· (9)

二　产业扶贫
　　——在土地上刨出幸福的梦想 ························· (21)
　（一）产业扶贫的模式概述 ································ (21)
　（二）"粮改饲"让贫困群众增产增收迈上致富路 ······ (23)
　（三）产业化让企业牵手贫困户探出致富路 ············ (26)
　（四）"种养殖加工一体化"的临夏市牛羊肉产业
　　　　致富模式 ·· (29)
　（五）"百亩梨园酿黄金饮品"的经济果林致富
　　　　模式 ··· (32)
　（六）特色旅游——跑出临夏州脱贫的加速度 ········· (34)
　（七）光伏产业——贫瘠土地上脱贫增收的铁杆
　　　　庄稼 ··· (42)

三 扶贫车间
——在家门口就业增收的扶贫新模式 …………… (45)
（一）临夏州扶贫车间的模式探索 ……………… (45)
（二）让雨伞从山沟沟走向世界的积石山县雨伞扶贫车间 ……………………………………………… (48)
（三）花馃馃手艺让东乡族妇女圆了致富梦 ……… (52)
（四）"电商+扶贫车间"——广河县扶贫车间梦工厂 …………………………………………… (56)

四 金融扶贫加快脱贫步伐 ……………………… (61)
（一）金融为精准扶贫精准脱贫引来活水 ………… (61)
（二）金融扶贫创新让贫困户有了自己的"土银行" …………………………………………… (64)
（三）金融扶贫助力贫困户养殖业大发展 ………… (68)
（四）创业贷款助力贫困群众创业致富 …………… (71)

五 劳务输出
——农村贫困劳动力快速脱贫的新途径 ……… (76)
（一）劳务输出——快速见效的脱贫方式 ………… (76)
（二）离开临夏走厦门 辛勤劳动换来幸福生活 …… (80)
（三）技能培训与素质提升为贫困群众插上就业脱贫的翅膀 ……………………………………… (82)
（四）东西部协作扶贫让脱贫之舟鼓帆远航 ……… (86)

六 易地扶贫搬迁
——脱贫致富与生态保护相得益彰的康庄之路 …… (92)
（一）易地扶贫搬迁的脱贫意义与生态意义 ……… (92)
（二）走出大山深沟的东乡族群众幸福路 ………… (95)

（三）临夏县易地扶贫搬迁的贫困户过上了
　　　　新生活 …………………………………………（100）

七　民生扶贫
　　——让贫困群众摆脱贫困之根 ………………………（104）
　　（一）教育扶贫阻断贫困的代际传递 ……………（104）
　　（二）健康扶贫斩断"因病返贫"的根源 …………（113）
　　（三）住房、饮水、交通三管齐下筑牢扶贫脱贫的
　　　　根基 …………………………………………（118）
　　（四）扶德扶志扶智交互融通　激发脱贫
　　　　内生动力 ……………………………………（127）

八　临夏州扶贫的经验与临夏精神 ………………………（135）
　　（一）临夏州扶贫的经验 …………………………（135）
　　（二）扶贫脱贫实践中的临夏精神 ………………（140）
　　（三）临夏州扶贫的国际反贫困意义 ……………（142）

参考文献 ……………………………………………………（145）

后记 …………………………………………………………（151）

前　言
——从古河州之贫到新临夏之富的华丽蝶变

临夏回族自治州（以下简称"临夏州"），古称河州，位于黄河上游、甘肃中部西南。自秦汉以来中央政府就在此地设县、置州、建郡，河州自古就是一个有名的商埠，曾是古丝绸之路南道要冲、唐蕃古道重镇、茶马互市中心，素有"西部旱码头"的美誉。中华人民共和国成立后，于1956年11月成立临夏回族自治州，州府为临夏市。

临夏州是全国两个回族自治州之一，也是甘肃省两个少数民族自治州之一，下辖七县一市，分别是临夏市（县级市）、临夏县、康乐县、永靖县、广河县、和政县、东乡族自治县、积石山保安族东乡族撒拉族自治县，共计124个乡（镇）7个街道办1130个行政村。临夏州总人口205.88万人，有回、汉、东乡、保安、撒拉等31个民族，其中少数民族人口占总人口的59.70%，东乡族和保安族是以临夏州为主要聚居区的甘肃特有少数民族。临夏州作为国家深度贫困地区脱贫攻坚重点支持的"三区三州"之一，所属8个县市均为六盘山集中连片特困地区扶贫开发重点县，截至2018年年底，全州仍有建档立卡贫困人口16.38万人，是甘肃脱贫任务最重、攻坚难度最大的地区，深度贫困是临夏州的最大州情。

中华人民共和国成立70年来，临夏各族人民积极探索改变贫困落后面貌、加快经济发展的有效途径，实现了从一穷二白到繁荣进步的历史性变化。与1956年相比,2018年全州实现国民生产总值255.35亿元,增长1038倍;大口径财政收入32.34亿元,增长534倍;农业总产值59.70亿元,增长95倍;工业增加值26.60亿元,增长1280倍;社会消费品零售总额93.88亿元,增长292倍。

党的十八大以来,临夏州贫困人口从2012年年底的73.30万人减少到2018年年底的16.38万人,累计减贫56.92万人;贫困发生率从42.20%下降到8.97%,下降33.23个百分点;其中临夏市已经实现脱贫摘帽,180个贫困村脱贫退出。产业扶贫、教育扶贫、健康扶贫、就业扶贫等扶贫举措落细落实、精准到人,2019年永靖县、和政县、广河县、积石山县、康乐县5个县获准退出贫困县,又有11.70万人实现脱贫,为2020年如期实现全面小康目标打下更为坚实的基础。

建州初期,临夏全州人均收入仅有46元,到2018年年底,城乡居民人均可支配收入分别达到了20834元和6817元,群众的钱袋子更鼓了。以教育、医疗为重点的公共事业不断发展进步,人均受教育年限从不到1年提高到8.1年,青壮年文盲率从90.00%下降到1.32%,2015年建成了自治州历史上的第一所大学(临夏现代职业学院);州、县、乡、村四级医疗服务体系日益健全,基层医疗服务水平不断提升,群众看病更有保障了。同时,文化、体育、养老等事业全面发展,精神文化生活极大丰富,群众的日子过得比较舒心、比较幸福。

70年来,党和国家对临夏州给予了巨大扶持,帮助建成了一大批交通、水利、生态等基础设施重大项目,实现了县县通二级公路,康临高速、临合高速、兰州至永靖一级公路相继通车,引黄济临工程建成通水,临大高速开工建设。

如今,临夏州城镇化步伐不断加快,2018年年底全州建成区面积达62.10万平方米,城镇化率达36.02%,各县新县城拔地而起,临夏市大夏河畔的"三馆一中心"成为一道亮丽的风景，现代城市的气息扑面而来。农田水利建设全面加强，干旱半干旱山区基本实现了梯田化，600多处灌区保证了60多万亩土地灌溉，建成了2万多处农村饮水工程。行政村修通了水泥路，实现了动力电和广播、电视、通信、网络全覆盖。

从古河州到新临夏，从"三区三州"集中连片特困地区到基本实现脱贫摘帽，临夏州旧貌换新颜，经济社会和百姓生活发生了历史性的巨变，完成了华丽的蝶变，这其中，有党中央的坚强有力的领导，有各级党委政府的精心部署和有力落实，有东西部扶贫协作和中央单位定点帮扶的外援助力，也有临夏干部群众的辛勤工作与不懈抗争，产业扶贫、就业扶贫、金融扶贫让贫困群众有了脱贫的坚实基础，易地扶贫搬迁让贫困群众告别了一方水土养不活一方人的尴尬，教育扶贫、健康扶贫以及饮水工程、道路建设、危房改造等基础设施建设，使各族贫困群众学有所教、居有定所、病有所医、老有所养，喝上了干净水，住上了安居房，告别了泥土路，过上小康生活、共享现代化发展成果不再是梦想，城乡互通不再遥远。

精准扶贫、精准脱贫，不仅改变了临夏州各个市县的风貌，也改变了31个少数民族的思想和精神面貌，让这块有着悠久历史和神奇魅力的祥瑞之地再次焕发出光芒。实现全面建成小康社会是脱贫攻坚的阶段性任务，与全国人民一道实现社会主义现代化，才是临夏州各族人民的更加宏伟远大的目标，相信在党中央的正确领导下，在各级党委政府的精心部署下，在临夏州干部群众的努力下，临夏州将以更加昂扬的姿态阔步前进，迈上全面建成小康的台阶，奔向更加辉煌的前程。

一　改革开放以来临夏州经济社会发展概况

（一）临夏州概况

临夏回族自治州成立于1956年11月，是全国两个回族自治州和甘肃省两个少数民族自治州之一。临夏州位于黄河上游、甘肃中部西南面，地处青藏高原向黄土高原、西部牧区向东部农区的过渡地带，北邻兰州市，南靠甘南藏族自治州，东连定西市，西接青海省，州府所在地临夏市距省会兰州市150千米，属兰州1小时经济圈，是内地连接藏区的重要通道。临夏州总面积8169平方千米，耕地面积215.53万亩，平均海拔2000米，最高处4636米，最低处1563米，年平均气温7.3℃，无霜期152天，年平均降雨量501.3毫米，属温带大陆性气候，境内川塬区、高寒阴湿区、干旱山区大体各占1/3。临夏州下辖临夏市1个县级市，临夏县、康乐县、永靖县、广河县、和政县5个县，东乡族自治县、积石山保安族东乡族撒拉族自治县2个自治县，124个乡镇、7个街道办事处，1130个行政村。截止到2018年，临夏州总人口205.88万人，有回族、汉族、东乡族、保安族、撒拉族等31个民族，其中少数民族人口占总人口的59.7%，东乡族和保安族是以临夏州为主要聚居区的甘肃特有少数民族。

临夏是中华文明的重要起源地之一，据考古发现，早在1.5

万年前就有先民居住生活，5000多年前就有先进的新石器文化，是我国新石器文化最集中，考古发掘最多的地区之一。据《尚书·禹贡》记载，大禹治水，"导河自积石，至龙门，涂于沧海"。2000年前秦汉王朝就在此设县、置州、建郡，临夏市为历史上西秦国的建军地。临夏古称枹罕，后改称河州。据《河州志》记载："河州古西羌地，禹贡雍州之域，书导河自积石是也。"河州自古就是沟通中原与西域政治、经济、文化的纽带，是有名的商埠，古丝绸之路南道之要冲，唐藩古道之重镇，茶马互市中心，丝绸之路、唐藩古道、甘川古道在这里交错延伸，享有"河湟雄镇"之美誉，成为历代兵家必争之地。在出土的数万件文物中，有许多闻名遐迩的稀世珍宝，闻名中外的国宝"彩陶王"就出土于临夏州，现珍藏于国家博物馆，临夏州也因此被誉为"中国彩陶之乡"。发掘于临夏州广河县境内的齐家文化，在探源华夏文明、探源商贸流通等方面具有十分重要的意义。

临夏州地貌奇特，境内峰峦耸列，河谷纵横，山川壮丽，环境优美，冬无严寒，夏无酷暑，四季分明，气候宜人，自然景观和人文景点奇多，旅游资源丰富。各类旅游景区、景点107处，其中国家级5处，既有风光旖旎的国家4A级景区"黄河三峡"、松鸣岩、莲花山、大墩峡等雄奇秀美的自然风光，又有炳灵寺石窟、齐家文化、八坊十三巷等绚丽多彩的文化名片，和政古动物化石的数量、品种、规模和完整程度占据了6项世界之最，具有极高的珍藏、展览、科研和科普价值，是回藏风情旅游线上的一颗明珠、中国西部重要的休闲度假旅游胜地。"观山水美景、赏河州牡丹、游八坊民居、享冰雪激情、听临夏花儿、品民族美食"已经成为临夏旅游的亮丽名片。世界非物质文化遗产——民歌"花儿"发源于此，被中国民间艺术家协会命名为"中国花儿之乡"。每年在莲花山、松鸣岩等旅游胜地举行的"花儿"演唱活动规模宏大，影响深远。临夏砖雕、河州贤孝、保安腰刀煅制技艺、莲花山花儿会、松鸣岩花儿会5项民间艺术被列入国家级非物质文化遗产保护名录。

临夏水利资源富集，境内河流纵横，黄河自西北入境贯穿临夏北部，流长103千米，水域面积150平方千米，境内有黄河一级支流洮河、大夏河、湟水河，三级以上支流30多条，是黄河上游重要的水源补给区。全州水能蕴藏量225.5万千瓦，可开发装机容量264.3万千瓦，已开发239.3万千瓦，著名的刘家峡、盐锅峡、八盘峡三大电站库区均在州内。刘家峡水电站被誉为"中国水电工业的摇篮"。

临夏州是以农业为主的地区，种植业和养殖业是临夏州的主要产业。全州各族群众素有养殖传统，2018年全州牛饲养量73万头、羊饲养量528万只、猪饲养量70.4万头、鸡饲养量557.5万只，肉类总产量5.8万吨，规模养殖场1474个、规模养殖户4.18万户，牛羊良种率分别达到74%、83%，现有各类活畜交易市场57个，年交易牛30多万头、羊250多万只。粮食作物主要有小麦、玉米、洋芋、蚕豆、青稞五大类，经济作物主要有油菜、蔬菜、花椒、百合、核桃、中药材等。

作为深度贫困地区，临夏州经济总量在全省处于较低水平，仅排在甘南藏族自治州之前。但是即使如此，改革开放以来，特别是党的十八大以来，临夏州加快发展步伐，着重发展农业种植业和养殖业、农产品深加工、轻工业以及旅游业和基础设施建设，经济增长步入快车道，经济增速连续跻身全省前列。

2018年，全州实现生产总值255.35亿元，同比增长6.7%。其中第一产业增加值32.76亿元，增长4.7%；第二产业增加值49.24亿元，增长10.3%；第三产业增加值173.35亿元，增长5.9%。三次产业结构之比为12.8∶19.3∶67.9。固定资产投资同比下降11.1%，社会消费品零售总额93.88亿元，增长8.1%；一般公共预算收入同口径增长7.3%，其中税收收入增长25%；农村居民人均可支配收入6817元，增长9.9%；城镇居民人均可支配收入20834元，增长7.5%；居民消费价格总水平同比上涨2.5%。

党的十一届三中全会以来，临夏回族自治州在党中央、国务院的亲切关怀下，在甘肃省委、省政府领导下，逐步探索出一条符合临夏州实际的经济发展路子。1980年在农村全面推行家庭联产承包责任制；1984年提出了"东进西出、南来北往"的全方位方针；1987年提出"强化基础，开放劳务，以商促工，以工兴农"的经济发展路子；1994年为了集中解决州穷、民穷的问题，提出了"以工业商贸富州县，以林果畜牧富群众"的基本思路。之后几届州委又分别提出"打民族牌、走民营路、谋富民策、建和谐州""依托藏区大市场、融入兰州都市圈"的发展战略和"强基础、抓教育、兴商贸、育产业、保民生、促和谐"的发展思路，以及实施"农牧稳州、工业强州、商旅活州、科教兴州、生态立州"的战略，把临夏州建设成为依托兰州面向藏区的物流集散基地，手工产品加工基地，兰州都市圈休闲度假的旅游基地，打造沿黄河、大夏河、洮河—广通河三个特色产业经济带，积极创建黄土高原与青藏高原过渡带以及生物多样性建设保护为主的示范区、国家级"两个共同"示范区等目标，并且已经实现。

2015年以来，在省委省政府的坚强领导下，临夏州干部群众认真贯彻党的十八大，十九大，十九届二中、三中、四中全会和习近平总书记系列重要讲话精神，全面落实稳增长、促改革、调结构、惠民生、防风险各项措施，以"四个全面"战略布局和"五个全面"总体布局及新发展理念为指导，抓脱贫攻坚一号工程，抓项目引擎带动、抓生态绿色发展、抓教育百年大计、抓社会和谐稳定，全州经济呈现快速发展的势头，精准扶贫、精准脱贫取得显著成效，全州社会安定，民族团结，经济快速增长，社会充满活力，人民安居乐业的新临夏正在蓬勃崛起。

（二）改革开放以来临夏州扶贫开发工作回顾

中华人民共和国成立以前的临夏是一个积贫积弱、生产力水平极其落后的地区，没有一段像样的公路，没有一座像样的工厂，一些地方粮荒不断，一遇灾荒，拖儿卖女，外出逃荒，各族人民过着牛马般的生活。一首"花儿"唱出了中华人民共和国成立前河州地区穷苦百姓食不果腹、饥寒交迫的生活：

> 穷人活得太孽障[①]，
> 顿顿喝的菜汤汤；
> 胳膊没有指头壮，
> 饿得眼塌脖子长。

1956年11月19日，临夏回族自治州成立，临夏各族人民迎来了政治生活中的一件大事，临夏从此翻开了新的历史篇章。60多年来，特别是改革开放以来，在党中央的亲切关怀下，在省委、省政府的帮助支持下，州委、州政府带领全州各族人民，从贫穷走向温饱，从温饱追求富裕，从封闭走向开放，从落后走向进步，用勤劳与勇敢，在漫漫扶贫脱贫路上取得了一场又一场胜利。特别是改革开放以来，临夏启动了扶贫之路，临夏面貌再换新颜，开始大踏步地奔向"解决温饱、追求小康"的征程。

1982年12月，中共中央、国务院决定对"三西"地区，即以甘肃定西为主的中部干旱地区、河西地区和宁夏西海固地区，进行农业基础设施建设。从1983年开始，甘肃省中部地区以安

[①] 孽障，甘肃、青海的方言，意思为可怜、倒霉等。

定、会宁、靖远、通渭为代表的20个县区以及河西地区以民勤、古浪、天祝等19个县区，被纳入甘肃"两西"建设范围，临夏州的东乡族自治县和永靖县一同被列入"两西"农业建设县，大力实施农业基础设施建设，由此，临夏州正式拉开了扶贫开发的大幕。

1983—1986年，在"两西"建设中，遵照"三年停止破坏，五年恢复植被"，"有水路走水路，无水路走旱路，水旱都不通，另找出路"的"两西"建设方针，全面实施"供煤植薪"政策，在实施大规模种草、植树造林的同时，通过投亲靠友和政府有组织移民等政策措施，临夏州东乡、永靖两县铲草皮、挖树根等破坏生态环境的问题基本得到缓解。5年之内，东乡、永靖两县先后投入"三西"专项资金2659.96万元，先后修建了东乡县皇渠、永靖县拥宪渠等一批水利工程，移民1.563万人，基本解决了5万多特困群众的生产生活困难，种植以紫花苜蓿为主的牧草5万多亩，植树10万多亩，以永靖县西山片、东乡县东北片为主的干旱、半干旱山区生态环境得到有效恢复。

在1987—1993年，国家先后投入"三西"专项和各类财政扶贫资金9148.8万元，信贷扶贫资金7953.1万元，重点扶持贫困乡、村养殖业、种植业和基础设施建设，完成"两西"移民1.2万人。

在全面扶贫阶段的7年中，全州以农民人均纯收入300元、农民人均占有粮300公斤"双三百"为标准，累计基本解决30多万绝对贫困人口的温饱问题。全州贫困人口由1986年年底的57.75万人减少到1993年年底的27.7万人，贫困面由42.43%下降到20%左右，农民人均纯收入从1986年的238.51元增加到1993年的383.44元，全州贫困面下降22个百分点。全州农村贫困面貌得到进一步改善，农民群众生产生活水平得到进一步提高，长期以来造成的农村贫困危机得到初步的缓解。

1994年,国家"八七"扶贫攻坚计划全面实施,国家全面实施开发式方针,临夏州扶贫开发工作进入集中攻坚阶段。

1994—2000年的"八七"扶贫攻坚期间,国家和甘肃省投入临夏州财政扶贫资金37729.28万元、信贷扶贫资金54026.08万元。

1996年,临夏州启动实施疏勒河世行贷款移民项目,东乡族自治县、积石山保安族东乡族撒拉族自治县两县试点移民4187人,面向新疆劳务移民4167人。同时,临夏州全面实施农业、林业、牧业、水利、电力、道路以及科技培训等综合开发扶贫项目,实施了"121"雨水集流工程和"122"雨水集流工程,解决了干旱山区群众饮水问题,同时也解决了生产用水问题。

在这期间,扶贫工作还注重科技培训和科技扶贫工作,通过科学技术培训和科技下乡等活动,帮助贫困农民学习科学种田养殖的技术,不断提高学习使用科学技术的积极性和种养殖工作的科技水平,粮食产量逐年上升,畜牧业存栏不断增加,经济林、瓜果蔬菜等经济作物面积和产量逐年增加,群众收入不断增长,加快了解决温饱的步伐。

进入21世纪,临夏州扶贫开发工作进入了新的重要阶段。这一阶段中国经济高速增长,经历了经济增速最快的10年;这一阶段国家启动西部大开发战略并开启第一阶段"奠定基础阶段",一系列有利于搞好基础设施、生态环境、科技教育等基础建设以及培育特色产业增长点,改善西部地区投资环境的政策陆续出台,促进了临夏经济社会的发展;同时,这一阶段,中国经历了加入世界贸易组织(WTO)、举办2008年北京奥运会、应对国际金融危机等重要历史性事件,借着国家基础设施建设不断升级和国际经济贸易合作不断深入的东风,临夏州扶贫开发工作也迈上了一个新的台阶,进入了一个新的阶段。

2001年,新时期扶贫开发工作开始,国家发布《中国农村扶贫开发纲要（2001—2010年）》，确定临夏州的临夏县、康乐县、永靖县、广河县、和政县、东乡县、积石山县7个重点县的110个乡镇为扶贫开发工作重点乡，占全州当年133个乡镇的82.71%，753个村列为扶贫开发工作重点乡村，占全州1149个村的65.54%。这标志着临夏州进入新时期扶贫开发阶段。

2001年国家按照农民人均纯收入625元以下核定绝对贫困人口23.81万人、625—865元核定低收入人口63.97万人，确定临夏州贫困人口87.78万人，贫困面52.52%。2009年3月，以2008年农民人均纯收入为标准，又将扶贫标准从原来的865元提高到1196元，提高了331元。在新时期扶贫开发的10年中，坚持"省负总责、县抓落实、工作到村、扶贫到户"的工作要求，全力实施"一体两翼"扶贫开发战略，紧紧围绕全州实现稳定解决温饱奋斗目标，努力解决农村"五难"突出问题，以参与式整村推进为突破口，以增加农民收入为目的，立足农村产业结构调整，强化农业基础设施建设，积极推进产业科技扶贫，狠抓劳务移民、社会帮扶、新农村建设、小康建设、"321"结对帮扶等各项工作。新时期扶贫开发阶段，中央和省一级进一步加大对少数民族地区扶贫开发工作的资金扶持力度，2001—2010年，累计争取国家和省级财政扶贫资金达到10.1亿元，特别是近年来通过大项目的积极争取，扶贫资金总量有了明显提高。这一时期，通过各级政府帮扶和全州群众努力，扶贫减贫工作取得显著成绩。

2001—2010年，全州贫困人口从2000年的87.78万人下降到2010年的45.11万人，贫困人口减少42.67万人；贫困面从2000年的52.52%下降到2010年的26.08%，贫困面下降了26.44个百分点；农民人均纯收入从2000年的1010元增加到2010年的2375元，增加1365元，年均增加135.5元，扶贫开发取得了比较明显的成效。

（三）2011—2020年临夏州扶贫开发工作的政策演进与实践

2011—2020年，临夏州扶贫开发进入又一个新的10年，特别是党的十八大以来，临夏州认真贯彻落实党中央关于脱贫攻坚的一系列重大部署和安排，全面打响脱贫攻坚战，扎实推进脱贫攻坚取得积极成效。

改革开放以来经过30多年的扶贫实践，临夏州贫困问题得到了一定缓解，但新标准下脱贫的形势依然严峻。一是贫困人口数量庞大。截至2011年年底，即党的十八大前夕，按国家新定的贫困标准，即农民人均纯收入2300元以下核定贫困人口，临夏州的贫困人口有90.02万人，贫困面为52.04%。二是因灾返贫现象依然突出。临夏州贫困地区山大沟深，生态环境脆弱，多数地区干旱少雨，属于典型的"十年九旱"地区，洪涝、泥石流、冰雪霜冻、沙尘暴等自然灾害频发，导致农牧业因灾歉收，返贫率居高不下。另外，绝大多数贫困农村信息不畅、交通闭塞，扶贫成本高，脱贫难度大。三是农民收入水平依然很低。全州贫困地区农业生产综合发展能力不足，农民增收渠道狭窄。2010年贫困地区农民人均纯收入仅相当于全省平均水平的75.9%，相当于全国扶贫工作重点县平均水平的79.4%，缩小发展差距任重道远。四是基本公共服务和基础设施建设依然滞后。贫困地区农村教育整体发展水平落后，职业教育仍处于薄弱环节，劳动力素质普遍较低；农村医疗卫生条件差，地方病、流行病、常见病发病率高；贫困地区农村基础设施落后，部分贫困村落不通车，人畜饮水困难，危旧房、土坯房（窑洞）比例高，村容村貌差。在这种落后的生产生活条件下临夏州要实现脱贫致富，实现建成小康的目标，可谓困难重重，任务繁重。但是，党中央、国务院并没有放弃，就像习近平总书记说的那样:"全面小康一个也不能少,哪个少数民族也不能少!"党中央国务院和甘肃省委省政府陆续出台了一系列政策文件,把临夏州扶贫开发工作提到了新的高度。

2010年国务院办公厅制定了《关于进一步支持甘肃经济社会发展的若干意见》,将临夏州列为"两州两市"(甘南藏族自治州、临夏回族自治州以及定西市、陇南市)扶贫攻坚区,提出要大力推进扶贫开发,加快脱贫致富步伐,大幅度提高基本公共服务水平;要积极发展临夏州回族风情旅游,打造临夏穆斯林风情旅游品牌;加大基础设施和商贸流通设施建设力度,积极推进清真食品、民族特需用品生产加工基地建设;实施刘家峡、盐锅峡、八盘峡水库库区水土治理项目,支持移民安置区生产生活设施建设和产业发展;扶持保安族、撒拉族等人口较少民族发展等重要举措。

2011年国务院颁发了《中国农村扶贫开发纲要(2011—2020年)》,将临夏州确定为国家级集中连片特殊困难地区(连片特困地区),将全州七县一市全部纳入六盘山连片特困地区,通过易地扶贫搬迁、整村推进、以工代赈、产业扶贫、就业扶贫等形式,着力解决基本农田和农田水利、特色产业、饮水安全、生产生活用电、交通、农村危房改造、教育、医疗、社会保障、公共文化等方面的困难,以实现到2020年扶贫对象"两不愁三保障"(不愁吃、不愁穿,保障义务教育、基本医疗和住房)目标。

2011年8月甘肃省出台了《甘肃省"十二五"农村扶贫开发规划》,将临夏州东乡县、积石山县、和政县、康乐县、临夏县、广河县六县确定为特殊困难县贫困区域,永靖县确定为其他扶贫开发重点县贫困区域,指导临夏州依托藏区大市场和面向兰州都市圈的区位优势,以北部干旱山区、南部高寒阴湿山区、中部河谷川塬区三大贫困片带为攻坚重点,积极推进区域性特色种植业、设施养殖业规模化发展,支持发展商贸流通业,与甘南藏区扶贫开发相统筹,支持发展畜产品加工流通业、清真食品加工业、草原旅游和回藏风情旅游,联手打造"九色甘南香巴拉"和"临夏穆斯林风情"旅游品牌。同时,在两州继续实施游牧民定居、易地扶贫搬迁、生态移民和农村危旧房改造、灾区灾后恢复发展和乡村基础设施、生态环境改善及公共服务设施建设项目,提高民族地区农牧民健康生活水平和自我发展能力,促进民族地区经济跨越式发展和社会长治久安。

临夏州全面贯彻落实中央、省州农村扶贫开发一系列文件精神,坚持区域发展带动扶贫攻坚、扶贫攻坚促进区域发展的基本思路,遵循政府主导、社会参与、自力更生、开发扶贫的总体要求,将增收减贫作为全州农村工作的核心,重点构建以专项扶贫、行业扶贫、社会扶贫为主要内容的"大扶贫"格局,充分发挥专项扶贫的主力军作用,推进行业扶贫和社会扶贫资源向贫困地区、贫困人口倾斜,不断创新扶贫工作方式,着力改善贫困乡村生产生活条件,着力培育扶贫优势产业,着力提升贫困群众自我发展能力,2011—2015年贫困乡村面貌显著改善,贫困群众收入大幅增长,扶贫开发取得了巨大成就。

一是财政专项扶贫资金投入大幅增长。2011—2015年全州累计争取投入国家、省级财政专项扶贫资金17.32亿元(含发改部门0.8842亿元、财政部门0.2173亿元),较"十一五"时期的6.17亿元增加11.15亿元,增长2.8倍。

二是农民收入大幅增加。全州农民人均纯收入从2010年的2375元增加到2015年的5245元,较2010年增长2.21倍,年均递增11.65%;贫困人口收入增幅明显高于全州农民收入平均水平。

三是贫困人口大幅下降。全州贫困人口从2011年年底的90.02万人下降到2015年的31.0937万人,贫困面从2011年的52.04%下降到2015年的17.8%,下降了34.24个百分点,5年间累计减贫65.25万人,成为临夏州扶贫开发历程中减贫速度最快的时期。

四是项目扶贫成效显著。累计实施财政专项扶贫项目1200个。重点项目为投资7.94亿元实施整村推进520个，投资1.2亿元实施积石山、东乡两县国家级羊产业扶贫试点项目，投资0.98亿元实施整乡推进项目24个，投资0.3亿元实施国家和省级整流域连片开发7个，有效解决了贫困乡村行路难、吃水难、住房难、增收难等突出问题。

五是基础设施条件明显改善。全州投入基础设施方面的财政专项扶贫资金7.12亿元，硬化及拓宽村社道路1929.65千米，新建人饮工程134处、治理河堤50处、小型提灌26处，改造贫困户危旧房12154户，实现了"扶贫开发一个村，面貌大变一个村"的目标，为打造美丽乡村奠定了坚实基础。被誉为"全州一号民生工程"的引黄济临（引黄河水补给临夏）供水工程项目将从根本上解决临夏市、临夏县57万人、76万头（只）牲畜的饮水问题，使临夏人吃上母亲河——黄河水的百年长梦得以圆梦。

六是扶贫产业培育继续壮大。全州投入产业培育方面的财政专项扶贫资金7.88亿元，基本形成畜牧养殖、洋芋、双低杂交油菜、花椒啤特果经济林、蔬菜、中药材六大扶贫产业基地；投入1.42亿元，扶持建立扶贫互助社（村级产业发展互助社）388个；投入3167万元，扶持国家和省级重点扶贫龙头企业96家，基本构建了龙头带基地带农户促产业、链条式组团发展促增收的扶贫产业体系。"牛肉拉面""东乡手抓羊肉""临夏酿皮""油炸馃馃"等一些特色菜肴如今已然成为临夏州特色名优产品，成为对外展示的一张张饮食名片，这些都得益于特色产业发展扶持政策。

七是贫困群众的劳动力素质不断提高。"授人以鱼不如授人以渔"。2015年2月，习近平总书记在陕甘宁革命老区脱贫致富座谈会上讲道："俗话说得好，家有良田万顷，不如薄技在身。

要加强老区贫困人口职业技能培训,授之以渔,使他们都能掌握一项就业本领"。一技可以傍身,但是很多贫困群众苦于没有技术,致富无门。在精准扶贫的各项惠民政策感召下,广大农民纷纷在农闲时节走进课堂,学习创业致富技能,贫困农民文化素质和技能普遍提高,增加了创业致富的本领。临夏州投入技能培训方面的财政扶贫资金为0.428亿元,培训贫困"两后生"(初中、高中毕业生中未能继续升入大学或中专院校就读的农村贫困家庭中的富余劳动力)2.13万人、普通技能培训1.11万人,累计输转2.75万人,输转率达到85%,劳务收入占农民人均纯收入的比重达到40%以上;开展科技培训1.14万人,贫困劳动力科技文化素质明显增强。

八是行业扶贫形成合力。发改、交通、水利、住建、农牧、教育、卫生等行业部门紧紧围绕脱贫攻坚重点区域、难点问题,采取整合资金整村推进等行之有效的脱贫攻坚方式,向贫困乡村、偏远山区、弱势群体倾斜,实施完成广河县大柴沟流域、临夏市大夏河流域等10个特困片带扶贫攻坚任务,在扶贫开发中发挥了中坚作用。到2015年年底,全州农村道路通畅率达到91%,自来水入户率达到89.6%,动力电覆盖率达到97.6%,新农合参合率达到98.8%,农村养老保险参保率达到95.1%,享受农村低保政策的人口达到46.11万人,改造农村危旧房11.57万户,幼儿教育、义务教育、高中教育实现全免费。

九是社会扶贫成效显著。各级国家机关、事业单位、社会群团组织、企业、军队、爱心人士等帮助支持、捐助捐赠临夏州的各类社会帮扶资金达到13.66亿元。中央党委和企业定点帮扶、东西扶贫协作取得新进展,8个国家级定点帮扶单位帮扶资金达到1.97亿元。其中,中石化支持东乡县布楞沟流域脱贫攻坚的资金达到1.58亿元,有力地支持了临夏州的扶贫开发。东西协作开展效果显著,临夏州与福建省厦门市建立了东西扶贫协作关系,全州7个县与厦门市7个区达成了区县对口帮扶协议，厦门市支持临夏州的资金达到1.09亿元。双联行动有力地推动了全州的脱贫攻坚，1434个各级双联单位帮扶的资金达到1.54亿元。

十是扶贫对象精准识别。在全州范围内开展贫困村、贫困户、贫困人口建档立卡工作，精准识别出560个贫困村、12.77万贫困户、56.1万贫困人口，建立了贫困户建档立卡系统和精准扶贫大数据管理平台，实行扶贫对象动态化管理，实现了"户有卡、村有册、乡有簿、县有档"的精准管理体系，为精准扶贫、精准脱贫奠定工作基础。

2013年习近平总书记在党的十八大以后首次视察甘肃省临夏回族自治州，提出了"要把水引来，把路修通，把新农村建设好"。经过不懈努力，总书记嘱托的3件事全部实现，东乡县高山乡布楞沟村整体脱贫，成为引领甘肃脱贫攻坚的示范村。2013年4月、2015年3月，国务院副总理汪洋先后两次来到临夏州积石山保安族东乡族撒拉族自治县，指导扶贫工作。村村通路的工作使得布楞沟村、阳山村、马巴村、达沙村等一个个脱贫村都有了干净整洁的水泥硬化道路，直通各家各户。一幢幢漂亮的新房错落有致，宽敞漂亮的群众文化活动中心，新安装的形式各样的健身器材，村里处处是一派欣欣向荣的景象。这些都是临夏州精准扶贫工作的一个个缩影，是全州依靠党和国家的好政策，各级干部和各族群众凝心聚力、苦干实干所发生的华丽嬗变。

2016年临夏州扶贫工作进入攻坚冲刺阶段，距离2020年实现贫困人口全部脱贫和全面建成小康社会只有5年时间。这最后的5年，是全国精准扶贫、精准脱贫攻坚收官的5年，也是临夏州加紧工作，追补短板，推动精准扶贫、精准脱贫更深更细的5年。

2015—2017年，党中央、国务院下发了《中共中央国务院关于打赢脱贫攻坚战的决定》，对未来5年全国脱贫攻坚做出部署；省委、省政府颁发了《关于扎实推进精准扶贫工作的意见》《关于打赢脱贫攻坚战的实施意见》《甘肃省"十三五"脱贫攻坚规划》等文件和规划，提出以"六个精准""七个一批"统领脱贫攻坚工作，围绕扶贫对象、目标、内容、方式、考评、保障"六个精准"，以超常规的举措和办法推进扶贫开发，实现产业发展、转移就业、易地搬迁、教育扶贫、健康扶贫、生态保护扶贫、兜底保障等方面"脱贫一批"，确保脱贫工作迈上一个新的台阶，实现2020年贫困人口全部脱贫的目标。

正如2019年3月7日，习近平总书记参加十三届全国人大二次会议甘肃代表团的审议时说的，今后两年脱贫攻坚任务仍然艰巨繁重，剩下的都是贫中之贫、困中之困，都是难啃的硬骨头。2020年之前临夏州脱贫面临着比较多的问题，而且都是大难题、大挑战，最突出的特点是贫困面大、贫困程度深、脱贫任务艰巨。比如，临夏州还有8个国家集中连片特困县，560个贫困村，贫困人口9.65万户43.26万人，贫困人口占全州总人口的近1/4，贫困发生率为24.77%。[①] 最大的短板是基础设施建设滞后，文化教育落后，矿产资源匮乏，工业基础薄弱，产业发展起步晚、起点低，地方财力困难，群众持续稳定增收难度大。

为此，临夏州多点发力，多处谋划，多方借力，因地制宜，细致谋划，制定了《临夏州"十三五"脱贫攻坚规划》，从七个方面发力，逐个突破贫困堡垒，取得脱贫攻坚的胜利。

一是产业发展脱贫。通过发展特色产业，实现45277户206854名贫困人口稳定脱贫。二是转移就业脱贫。通过转移就业，实现71178名贫困劳动力稳定脱贫。三是易地搬迁脱贫。

---

① 《甘肃省"十三五"脱贫攻坚规划》，甘肃政务服务网，http://www.gansu.gov.cn/art/2017/4/13/art_ 4786_ 305393.html，2017年4月13日。

到 2018 年全面完成 1.7788 万户 8.0767 万人的易地搬迁任务，其中建档立卡贫困户 1.6430 万户 7.48 万人。四是发展教育脱贫。提高贫困乡村基础教育水平，完善职业教育体系，确保通过发展教育实现 5.06 万贫困人口脱贫。五是医疗救助脱贫。逐步解决农村因病致贫、因残致贫、因病因残返贫问题，实现全州 1.88 万贫困人口脱贫。六是生态保护脱贫。到 2020 年所有贫困村环境得到整治，村容村貌有效改善，通过生态保护修复和生态脱贫补偿政策的落实，实现 2.2 万贫困人口脱贫。七是兜底保障脱贫。通过各项兜底保障政策，对无法依靠产业扶持和就业帮助脱贫的 1.38 万贫困人口实行政策性兜底保障脱贫。

另外，临夏州作为少数民族地区，争取国家政策支持，帮助特有少数民族实现脱贫。积极争取国家和省级倾斜支持，2017 年共争取下达少数民族发展资金 1.19 亿元，争取民族乡发展资金 400 万元，少数民族文化事业专项补助资金项目 19 个、资金 405 万元。2017 年编制印发《临夏州"十三五"少数民族事业及扶持人口较少民族发展规划》，将临夏州保安族、撒拉族、土族聚居的 154 个行政村列入国家扶持人口较少民族发展规划。制定临夏州少数民族特色技能培训"出彩工程"工作方案，持续加大培训力度。建立少数民族文化事业发展专项补助资金项目库，加强少数民族特色村寨保护与发展，推动特色民居保护与改造以及乡村特色文化旅游建设，继续支持积石山县着力打造"保安三庄"、东乡县突出韩则岭民族特色旅游。①

随着扶贫工作的深入推进，脱贫工作取得显著成果。

作为国家集中连片特殊贫困片区县的临夏市正式脱贫，成为临夏州精准扶贫精准脱贫的一个标志性成果。2018 年 9 月 29

---

① 《甘肃省临夏州民委 2017 年积极推进民族地区经济发展》，搜狐网，https://www.sohu.com/a/217444987_543955，2018 年 1 月 18 日。

日,省政府通知:"经国家专项评估检查,皋兰县、崆峒区、正宁县、两当县、临夏市、合作市符合贫困县退出条件,现批准退出。"这对于临夏市2万多脱贫群众来说,是一个激动人心的历史性大事,从此临夏市人民实现了祖祖辈辈脱贫致富的梦想,为临夏州其他7个县鼓劲打气,树立了榜样。

自2012年6月国务院扶贫办正式将临夏市纳入"六盘山集中连片特困地区贫困县"范围,确定为全省58个片区贫困县市之一以来,临夏市克服重重困难,与贫困进行了不懈斗争。2013年年底建档立卡初期,临夏市农村耕地资源十分匮乏,人均不足0.3亩,基础设施还很薄弱,农民人均收入相对偏低,贫困人口多,全市贫困村20个,占全市行政村的48.8%,贫困线以下人口近6000户2.5万多人,贫困发生率高居27.83%。为了当好全州脱贫攻坚排头兵,临夏市委、市政府在精准扶贫精准脱贫工作中,创新思路,开拓性地开展工作,总结出了一些好经验好做法。

其他各县不惧困难,迎难而上,推动精准扶贫工作不断取得进步。

2019年全州贫困人口从2018年年底的16.38万人减少到3.2429万人,贫困发生率从8.97%下降到1.77%,下降7.2个百分点。拟退出贫困村403个,累计退出583个,占贫困村总数649个的90%;广河、和政、康乐、永靖、积石山5个县已经达到脱贫标准,通过了县级自评和州级初审,等待省级脱贫验收。

一大批扶贫举措和民生工程取得进展,给贫困群众带来实实在在的实惠。

第一,饮水安全得到保障。全州实施农村饮水安全巩固提升工程,使农村集中供水率、自来水普及率均达到99%,集中解决了1.12万户5.25万人自来水入户问题,改善了4.57万户22.82万人供水不稳定问题,饮水安全问题得到全面解决。

第二,产业扶贫政策全面落实。因地制宜,发展牛羊养殖、马铃薯、高原夏菜、经济林果、中药材等特色产业，积极推广"粮改饲"，提升农业产业的规模和层次。培育新型经营主体，积极推进产业化经营。全州农民合作社总数达到4904家，其中贫困村合作社2394家，加入合作社的农户达到5.7万户，带动非成员农户17.4万户。

第三，全面落实就业扶贫政策。全州累计建成扶贫车间247个，吸纳就业1.08万人，其中建档立卡贫困人口5520人，帮助贫困群众就近就地就业。开发乡村公益性岗位2246个，帮助贫困群众实现稳定脱贫。开展技能培训3.37万人，其中建档立卡贫困劳动力2万人。全年输转劳动力51.28万人，其中建档立卡贫困劳动力2.48万人，实现劳务收入100.2亿元、人均1.95万元。培训全州649个贫困村创业致富带头人3595人，培训后创业成功2251人，带动贫困户14244户，每名致富带头人平均带动6.33户。

第四，落实易地扶贫搬迁政策。全部完成"十三五"期间全州计划搬迁的1.47万户75139名建档立卡贫困人口安置住房建设任务，建成率、入住率均达到100%，拆旧复垦7655户，拆旧率52.5%。在有条件的安置点配套建设养殖暖棚和种植暖棚，扶持引导东乡县、康乐县等养殖大县安置区群众创办标准化规模养殖场；临夏县北塬、永靖县西山等安置区扶持建设大规模设施农业基地，做到了人入房、羊入圈；发展青年经济靠务工、老年经济靠养殖、妇女经济靠扶贫车间的"三个经济"发展模式，让搬迁群众有稳定的分红收益和劳务收入。

第五，全面落实健康扶贫政策。建档立卡贫困人口应参保人员全部参加了基本医疗保险，按规定全部享受了基本医疗保险、大病保险和医疗救助倾斜政策，全州1307家定点医疗机构全面实现了基本医保、大病保险、医疗救助"一站式"即时结算。乡镇卫生院和村卫生室购置DR、彩超、全自动生化仪、心电图机等基本医疗设备318台（套），保障每个乡镇卫生院至少有 1 名执业（助理）医师、1 名全科医生在岗服务，每个行政村有 1 名合格村医。

第六，全面落实教育扶贫政策。投入各类资金 15 亿元，对全州 355 所学校进行新建或改扩建。落实《临夏州进一步加强控辍保学工作的意见》《临夏州控辍保学工作问责办法（试行）》，实行州县乡村四级"学长制"和"八包八到位"制度，坚持分类施策、因人施教，综合考虑劝返学生的年龄、辍学时间、学习基础、家长和学生意愿等情况，对劝返复学学生进行科学分班和组织教学，州、县市全面启用控辍保学动态监测系统，及时了解掌握学生学习情况，共劝返失辍学学生 15210 人。全州落实资助资金 2.38 亿元，累计资助学生 35.84 万人次。积极推进教育信息化，宽带网络校校通，互联网接入率达到 90%，优质资源班班通，使用多媒体设备和网络资源班级的比例达到 90%，举办了两期 400 名中小学教师教育信息化能力培训班和 110 名教育部"三区三州"中小学校长教育信息化专题培训班。加强教师队伍建设，新招聘的 2950 名乡村教师全部到岗任教。2018 年，临夏有各级各类学校 2019 所，在校学生 43.2 万人，专任教师 2.5 万人。与 1950 年相比，这一变化十分巨大。1950 年，临夏仅有 177 所中小学和师范学校，在校学生 1.1 万多人，教职工 500 多人。2018 年临夏学校数是 1950 年的 11 倍、在校生数是 1950 年的 38 倍、教师数是 1950 年的 47 倍。

第七，全面深化东西协作定点帮扶。推动东西扶贫协作提质升级，2019 年厦门市落实财政帮扶资金 5.7 亿元、超协议任务 2.5 亿元，资金支付率 93.1%，实施各类帮扶项目 416 个；厦门市选派 21 名干部、334 名专业人才在临夏州开展帮扶工作，临夏州选派 20 名干部、900 名专业技术人员到厦门挂职锻炼和培训学习，在厦门举办临夏州扶贫干部能力培训班 16 期、培训 1811 人；厦门新援建扶贫车间 113 家、累计援建 216 家，厦门企业在临夏成立公司 43 家、已到位投资 4.39 亿元，在厦门设立38个农特产品销售中心（专柜），产业带贫作用明显增强；培训贫困劳动力4564人，帮助贫困人口实现就业2.37万人，其中输转厦门就业2913人，录取30多名临夏籍建档立卡户高校毕业生在厦门市事业单位和国有企业就业，招录183名临夏籍贫困学生在厦门技工学校就读；厦门38个镇（街道）、128个村（社区）、236家企业、67个社会组织结对帮扶临夏州52个贫困乡镇、544个贫困村，厦门57家医院、93所学校结对帮扶临夏州112家医院、131所学校，厦门市各界向临夏州贫困村、贫困群众捐款捐物7532万元。加强与中央统战部、国台办、国家地震局、中石化、中建等8家定点帮扶单位的衔接对接，8名定点帮扶单位干部挂职任副县长、7名干部任贫困村第一书记，争取落实帮扶资金1.33亿元。中央统战部、全国工商联和中国光彩事业促进会在临夏州举办"中国光彩事业临夏行"活动，签订合同项目103个，投资235亿元，捐助资金1.78亿元，目前65个项目已开工建设。

另外，临夏州在生态扶贫、金融扶贫等方面的成效也十分显著。可以说，临夏州脱贫攻坚正迈着坚实的步伐向前迈进，与2020年实现全部贫困人口脱贫和全面建成小康的目标越来越近。

二 产业扶贫
——在土地上刨出幸福的梦想

幸福是奋斗出来的——习近平总书记曾不止一次地这样为我们鼓劲打气。这也是幸福生活本有的逻辑和实现的路径。守着土地,面朝黄土背朝天,虽然这样也能把日子过得踏实稳当,但是却不能带来翻天覆地的变化,带不来富裕。临夏农村有着这样一群人,就是不甘于守穷的日子,不甘于守着一亩三分田、盼着一年风调雨顺带来个好收成,而是望想着变一变,望想着用自己的双手在自家的土地上能刨出金蛋蛋。他们这样想着,也这样做了,把想法付诸了实际,走上了产业致富的路子。

(一) 产业扶贫的模式概述

产业是经济发展的重要基础和有力支撑,产业兴则经济兴,产业强则经济强。产业扶贫对于促进贫困地区经济发展和贫困群众增收有着十分重要的作用。

习近平总书记曾提出,要把发展生产扶贫作为主攻方向,努力做到户户有增收项目、人人有脱贫门路。发展特色产业是提高贫困地区自我发展能力的根本举措,也是拔掉"穷根",实现稳定脱贫的必由之路。

自从党中央开启扶贫工作以来,特别是党的十八大以来,全国各省区非常重视产业扶贫,都从每个县、乡、村各自的优势和特色出发，挖掘资源，汇聚优势，想方设法把地里种的农产品或者圈里养的牲畜家禽产品化、产业化，从而带动周围群众一起参与，一起致富。这正应了习近平总书记那句话："产业扶贫是最直接、最有效的办法，也是增强贫困地区造血功能、帮助群众就地就业的长远之计。要加强产业扶贫项目规划，引导和推动更多产业项目落户贫困地区。"

临夏州按照中央、省级关于精准扶贫的要求，始终坚持把产业扶贫作为精准脱贫的重要抓手，不断探索创新产业扶贫运作模式，围绕"粮改饲"、牛羊养殖加工、经济果林种植加工、特色旅游及光伏产业等，全力做好到户产业项目管理和服务，有效拓宽贫困群众增收渠道。目前临夏州正在实施的产业扶贫模式主要有以下几种。

第一种是因地制宜推进"粮改饲"工程，促进贫困农民增产增收。探索创新模式，通过"贫困户+'粮改饲'""合作社（养殖场）+贫困户+'粮改饲'""饲草企业+贫困户+'粮改饲'"等方式，整区域推进"粮改饲"，使贫困户由种植粮食改种饲料，实现增产增收。同时，建立贫困户、合作社（养殖场）、饲料企业之间的合作关系，形成种养产业链和稳固的经济利益关系。

第二种是特色养殖加工扶贫模式。这种模式利用临夏州贫困群众擅长养殖的传统习惯及临夏州靠近甘南牧区的区位优势，专门发展牛羊养殖和肉类加工业，通过"公司+基地+合作社+农户"模式，形成"公司+农户"分散养殖与集中加工销售的经营模式，带动贫困农户增收致富。

第三种是利用贫困地区资源优势，鼓励引导工商资本进入经济果林生产领域，发展生态高效果品种植加工业及关联旅游业，打造贫困村特色产业，延伸产品价值链，带动土地增值和贫困户就地就业增收。

第四种是特色旅游扶贫模式。该模式通过财政资金投入，整治村庄环境，开发景区景点，开辟乡村旅游业，发展农家乐，带动贫困户融入旅游产业链，实现脱贫致富。

第五种是光伏产业扶贫模式。临夏州在自然条件差，特别是在属于生态限制开发区和禁止开发区的乡镇，不适宜发展种植业和养殖业的贫困农村，引入光伏发电项目，铺设太阳能电池板，通过"自发自用、多余上网"，为贫困群众增收和脱贫致富开辟新途径。光伏扶贫充分利用了贫困地区太阳能资源丰富的优势，通过开发太阳能资源产生的稳定收益，实现了扶贫开发和新能源利用及节能减排的有机结合。

多年来，临夏州不断挖掘本地优势，不断探索创新，大力发展有效益的"粮改饲"种植业、牛羊养殖及加工业、经济林果种植加工业、文化休闲旅游业等特色产业，牢牢抓住产业扶贫的抓手，促进农民增收。

（二）"粮改饲"让贫困群众增产增收迈上致富路

从省城兰州乘车出发往南大概70千米车程，在被光秃秃的绵延不绝的山峰土坡疲劳了双眼的时候，忽然车辆随着指示牌向右一转，你就会感觉好像来到了一个绿色的世界——透过道路两旁郁郁葱葱的树木，放眼望去，山川碧野，草木繁茂，这时候你就进入广河县了。

广河县是临夏州的东大门，气候温暖湿润，植被覆盖率较高，是临夏州农业大县。广河县历史悠久，是中国齐家文化的发现地和命名地，历史上被称为大夏，大夏古城遗址现位于广河县城以西。据《汉书·地理志》记载："陇西郡，秦制，县十一，大夏。"秦汉时期，广河县已在其版图之内。大夏古城是历史上大夏县的县治所在地，是古代羌人集中居住的地方，是大禹的故里、齐家文化的重要发祥地，也是大禹建立的国家形态。

广河县全县面积538平方千米，辖6镇3乡102个行政村1121个合作社，总人口25.9万人，回族、东乡族等少数民族人口占总人口的98%，是少数民族高度聚居的大县，也是六盘山片区扶贫开发重点县和"三区三州"贫困县。广河县现有耕地42万亩，但是其中80%以上为山地旱地，每年种植旱作农业36万多亩，以家庭为单位的农业生产和牲畜养殖效益低下，渐渐地在市场经济大潮中落后下来。到2018年，广河县4000户21023人，贫困发生率8.63%。

贫困面积大，贫困人口多，脱贫致富路子窄，这些都成为粘在广河县贫困群众脱贫翅膀上的沉重负担。

为了改变这种现状，广河县把产业扶贫作为推进精准扶贫、精准脱贫的重中之重，把种植旱作农业（玉米）和养牛养羊作为贫困群众增收的主要渠道。但是随着农业供给侧结构性改革的深入推进，出现了这样的怪现象：一方面，农民种旱作农业（玉米）收成微薄，挣不到钱，甚至扣除农资和人力投入后出现"倒贴"的现象，靠种粮食致富渐渐成为不切实际的幻想，同时庄稼成熟后农民只收割玉米，玉米秸秆或当作自己牲口的饲料，或烧火做饭烧炕取暖，并没有高效地利用起来；而另一方面，发展集中畜牧养殖所需的优质饲草却出现供不应求的现象，严重制约了农业种植业和养殖业的产业化发展以及群众脱贫增收。如何解决这一困境，广河县想到了好办法，就是将旱作农业改成饲料农业，直接供应牛羊养殖企业，这样，就实现了种养联动、订单式种植、订单式消费，形成了良性循环的产业链，增加了种地农民的收入，解决了牛羊种植业的饲料供应，实现了两个产业联动发展，解决了养殖农民就业，增加了收入。从2016年开始，广河县就把"粮改饲"作为产业扶贫的重要举措，按照"政府推动、企业带动、农户联动、市场互动"的思路，推行"龙头企业+合作社+农户"模式，扎实推进"粮改饲"各项工作，掀起了旱作农业的"二次革命"。广河县大力推广订单种植和土地流转,以沿川的5个乡镇为重点,通过订单种植、企业流转,建立集中规划、大片作业的"粮改饲"示范区。"粮改饲"及种养联动的发展模式给广河县农民带来了看得见的好处。

"玉米秸秆从以前生火做饭、填炕取暖的'柴火秆',变成了牛羊的精饲料,(牛羊)吃了长得快、肉质好",来自广河县城关镇十里墩村的马忠海感叹道。全村3300亩耕地中2800亩都改种了饲料玉米,村民不仅收入增加了,村里环境也整洁多了。"粮改饲"中的增收账,为群众脱贫带来最现实、最直接的经济效益。"种1亩饲料玉米按照平均亩产4.5吨计算,农户实际收入约1300元,每亩增收400元。用这些饲草料进行畜牧养殖,增收效益更为可观,普遍能增收3000元左右。"村民马进福算了一笔账,心里乐呵呵的。

光有思路和政策,没有现代化的机械设备也不行。随着越来越多农民加入"粮改饲"队伍,当地玉米种植面积就越来越大,靠人力作业根本不能完成收割打捆等工作,怎么办,只能借助机械化,确保收割、打捆工作一体化、高效率。为此,广河县引进自走式青贮机、固定式打捆机达21台(套),有力地推动了全县的玉米青贮工作。

为了进一步调动群众"粮改饲"的热情,按照"政府推动+企业带动+农户联动"的模式,政府出台"粮改饲"激励措施,鼓励农机合作社大力购买青贮机械;对购买青贮机械的群众,在落实国家农机补贴的基础上,按照贫困户补贴50%、非贫困户补贴40%的标准再进行补贴;对袋装青贮40吨以上的群众奖励1台铡草机。这些措施缓解了贫困群众的困难,满足了饲料青贮作物的收割打捆等问题,形成了利益共享的联动机制。

这一做法在广河取得了较好的成效,并在全州得到了推广,截至2018年9月,临夏全州玉米秸秆收贮面积74.62万亩,加工玉米秸秆饲料132.76万吨,带动新建规模养殖场26家,新增规模养殖户160多户,牛存栏达10.5万头、羊存栏120万只;"粮改饲"工作已在这里遍地开花。

"粮改饲"看似简单"一改",却带来了贫困群众脱贫增收的"大变",表面看来,只是把土地上耕作的粮食玉米改成了耕种牛羊专用的饲料玉米,而实际上是贫困户观念的改变,是一种困难面前逢山开路、遇水架桥的决心和智慧,体现了中国自古以来就有的"穷则变,变则通,通则久"的哲学思想和改革创新精神。

(三)产业化让企业牵手贫困户探出致富路

康乐县位于临夏州东南端,东临临洮县、南接渭源县和临潭县、西靠和政县、北连广河县。长期以来,康乐县因为境内秀丽雄奇的莲花山而被外界津津乐道,同时也因为远离大城市而显得宁静和贫困。这正好应了那句"风景尽在人迹罕至处"的中国古语,同时也给贫困加了一个注脚:交通落后、信息闭塞,人们以农耕畜牧为生。在科学种养殖与规模化经营的市场经济大潮冲击下,农户闷头种地、随性养殖牲畜,结果都是一样的,就是不挣钱不增收,白白闲置了资源和光阴。

"这几年玉米行情不好,除了填饱肚子和喂牲口外,剩下的也卖不了几个钱。"玉米丰收了,家住康乐县苏集镇塔关村的村民李鹏却高兴不起来,家里种植的一亩玉米也就值800元,卖了,挣不了多少;不卖,堆在院里会发霉,只能当柴烧。而村子另一头,和李鹏一样惆怅的,还有康乐县信康农业公司负责人康志忠。眼看养殖场里的几百头肉牛就要断粮,可从外地购买的饲草却迟迟没有送来。"本地饲料供不应求,只能从外地买,价钱高、运费贵不说,还耽误时间",康志忠说道。一边是农户种粮食不挣钱，另一边是养殖企业饲料断档，跟不上趟儿，影响养殖效益。怎么办？一个转变让这些农户和企业搭上了线，结成了合作共生的经济利益共同体。那就是把种植的粮食玉米变成饲料玉米，且直接由企业下订单种植，按协议价收购，保障了种植户权益，也满足了养殖户规模化养殖的需求。

康乐县气候温暖湿润，适合玉米生长，农村家家户户以种植玉米为主。过去，在康乐县各乡镇，农民愁玉米难卖。现在看来，问题的症结就在多年不变、家家都种的"玉米"上。"不是玉米不值钱，要看怎么种，种什么。"粮食玉米虽然首先满足了农户口粮的需要，但确实受季节和行情影响，一到秋天，同期上市的余粮很难卖上好价钱。而如果换成种植饲草玉米，情况就不一样了，这种玉米营养价值高，单产高，又是牛羊最可口的"营养饲料"，且有着来自养殖户的稳定增长的需求，确实是一件两全其美的事情。产业化种植饲料玉米，满足了牛羊养殖业的规模化发展，农户和养殖企业各得其所，双方都不再发愁了，并且有了更高的经济效益。

除了守着土地种粮食，康乐县农户还有一个副业，就是养牲口。"无牛无羊不成家"是当地群众的普遍观念，牛羊养殖户占全县人口80%以上。特别是近几年，养殖逐渐规模化，养殖企业如雨后春笋般兴办，这使得当地对饲草玉米的需求十分旺盛。一边是农民改种饲料玉米，一边是养殖业规模化发展，饲料需求扩大，供给和需求正好有了对接，形成了"为养而种，以养改种，以农养牧"的模式。有了这一模式的支撑，像康志忠这样的养殖企业家再也不必为牛羊饲料而发愁了。2018年，他与苏集镇300多户农户签订了饲草玉米种植订单，并与政府共同出资，免费向农户提供种子、地膜等，年底按市场价进行收购。与此同时，像李鹏这样的种植农户再也不用因卖粮而为难了：除了种植粮食玉米保障生活的3亩地之外，他还打算与信康农业公司合作，利用剩余的4亩土地开展"订单式"种植。

"以前种玉米只有棒子能卖钱，现在种的玉米茎秆都是宝。"李鹏粗略地算了一笔账，一亩粮食玉米能卖800元，而一亩饲草玉米能卖近1800元，4亩土地一年能多挣4000元；不仅如此，玉米收获时只需拉到附近的养殖场，省去了很多运费和人工费。

和李鹏一样，家住苏集镇高楼子村的刘万平也因"粮改饲"而受益，不同的是，他将家里的10亩土地以每亩500—900元不等的价格，流转给信康农业公司，并成为该公司的一名"产业工人"。"农忙的时候在家务农，农闲的时候去企业打工，每月能挣2000多元，加上年底7000元的土地流转费，脱贫不成问题。"刘万平说，在企业打工不但可以赚钱，还能学到专业的养殖技术，提高自家的养殖效益。"'粮改饲'不仅推动了当地玉米供需结构的改变，提高了企业的经济效益，还为养殖户省下了一笔不小的开支"，苏集镇党委书记马世福说。以前农民养一头牛，除了传统饲料外每年还需投入1500元购买优质饲料，现在牛羊吃饲草玉米，营养丰富，还易上膘，一头牛一年能省近2000元。"粮改饲"让康志忠尝尽了甜头，下一步，他将继续扩大企业养殖规模。"再也不用去几百公里外的地方拉饲料了，就算养殖场再扩大一倍，本地饲料供应量也能跟得上"，他说。

2018年，康乐县饲草玉米种植面积已达3万亩，涉及5个乡镇、22个村，延伸辐射周围十余个乡镇，不仅有效改善了当地饲草料依赖外地的局面，而且还成功地打开了外地饲草料市场。同时，"粮改饲"改革还催生当地多家规模化养殖企业、饲料加工企业、专业合作社成立，使1.85万户农户从中受益，其中贫困户1万余户。

扶贫脱贫没有固定的模式，只要适应生产条件，顺应市场规律，让种植业和养殖业牵手，实现产业化经营，就能更加充分地发挥出土地、人力等生产要素的效能，贫瘠的土地也能种出金蛋蛋，不起眼的养殖户也能办成大企业，更重要的是能带着贫困户踏上一条脱贫路、致富路。

（四）"种养殖加工一体化"的临夏市牛羊肉产业致富模式

临夏州地处丝绸之路南道要冲，南向通过甘南州连接四川云贵，西接青海通往新疆西藏，北邻定西通向兰州，是自古以来的"茶马古道""西部旱码头"，贩卖牛羊及牛羊肉屠宰加工成为临夏市的一个历史悠久的行当。无论是甘南藏区出栏的牦牛藏羊，还是临夏周边农户养殖的黄牛绵羊，几乎都在临夏市屠宰加工，并由此发往省会兰州及全国各地。经过多年发展，从散户养殖、加工逐渐发展到企业集团化经营，经营规模和加工经营手段不断现代化。清河源公司就是一家土生土长发展起来的牛羊养殖及肉食加工企业。截至2016年年底，清河源公司总产值达到12亿元，占地面积888亩，带动农户养殖户2.21万户，解决周边农村剩余劳动力1018人。清河源公司的成功传承了临夏市的古老行当，更是把临夏市周边农村的群众带上了致富之路。临夏市周边农村以前以种植小麦、土豆、油菜、玉米等粮食经济作物为主，农户家三三两两，养着一头牛或几只羊。由于农户耕地有限，缺乏科技知识和经营意识，无论种植农作物，还是散养牛羊，都不怎么赚钱，甚至还会遭到病害而歉收亏本。清河源公司的出现让贫困农民找到了一条与企业合作、互利共赢的脱贫模式，企业有了养殖基地、饲料供应和员工，农户参与养殖和饲料种植，有了固定收益。

在临夏市清河源食品有限责任公司旗下的八坊牧业公司，一排排宽敞明亮的牛舍从这头望不到那头，每栋牛舍内有地暖卧床，配备了常温的自动饮水器，音乐广播还定时播放优美乐曲。每个牛舍后面的运动场上吃饱喝足的牛儿在撒欢。

这就是企业和农户合作的一种经营模式，即通过土地流转，农户让出多年耕种且收获微薄的土地，以土地入股企业，让企业把分散的土地集中起来，建成牛养殖场，统一、科学地进行养殖，而农户不仅可以从入股土地获得固定的收益，而且还可以以工人身份参与养殖工作，获取工资收入，可大大提高收益。2013年通过土地使用权流转，临夏市清河源公司与临夏市枹罕镇石头洼村、街子村的486户农户签订土地入股协议，获得土地农村耕地630亩，用于牛羊繁育，即八坊牧业养殖基地。除此之外，该公司还与上千户当地农户通过签订"养殖订单"，建立"公司＋农户"分散养殖与集中加工销售的模式，带动2万多人参与其中，实际连接的土地至少在万亩以上。①

相对于传统的种养方式，农户以土地入股的方式将土地流转到清河源公司，实现了收入来源多元化和稳定增长。一是增加土地租金收入（或土地入股收入）。每1.3亩土地为一股，每年可获得2200元土地分红。二是农户在公司就业获得工资性收入。按照合同，清河源公司负责解决入股农户至少1名有劳动力的人员在公司就业。目前，八坊牧业直接解决当地村民60人在公司就业、清河源公司固定员工中有150人为当地农民，且每年聘用临时工160余人次（工资收入为5500—7000元/人，聘用时间一般为每年的8—12月）。三是提升养殖业收入。八坊牧业通过"公司＋基地＋合作社＋农户"模式，按照"五统一分"合作养殖的技术体系（即统一肉牛品种、统一圈舍标准、统一饲料配比、统一畜禽防疫、统一收购加工、分户单独核算），带动农户养殖户2.45万户，其中合同联结带动2869户，合作联结带动10964户，其他方式带动10667户。农户参与育肥1头牛的年收入为2000—2500元，农户每年养殖数一般为10

---

① 滕海峰、李含琳：《"新土改"与打造实力型农村企业同步推进的有效模式——甘肃省临夏州八坊清河源公司的调查报告》，《生产力研究》2019年第1期。

头左右，则农户在这一项的年收入为20000—25000元。四是稳定增加种植业收入。以订单农业为方式，让当地农民为清河源公司种植饲草玉米，农户年收入一般为2000元/亩，是以往农户自家传统玉米种植收入的2倍。

多年来，清河源公司为驻地——临夏市枹罕镇聂家村、街子村、石头洼村的贫困户解决当地就业145人，间接带动1200多人从事畜牧产业；通过开展订单农业扶贫计划，即采用"五统一分"的模式发展肉牛养殖业，鼓励周边贫困农户种植玉米等饲料作物并由公司统一收购等方式，使村民户均年收入增加650多元。

临夏市清河源公司董事长马世英感慨地说："公司发展规模小、受益面积小的时候，公司是个人的。如今，公司发展规模大了、产业链长了、受益面积大了，公司并非我个人的，是大家的，也是全社会每个人的，我就是为广大农民群众打工的。"这句话深深打动了公司的每一位员工包括其中的贫困户，使员工们有了主人翁意识，有了强烈的扶贫济困的思想和干劲。

清河源公司收获了较好的效益，也为脱贫致富做出了贡献。2016年一年，在牛羊收购过程中，企业带动农户养殖户近4500户，其中合同联结带动869户，合作联结带动2964户，其他方式带动667户；精准扶贫农户102户306人；企业支付养殖基地土地流转使用金128.95万元；企业收购周边种植户秸秆饲料2万吨，增加农民收入720多万元。

据临夏市工商联负责人介绍，临夏市清河源公司在大幅提升生产原料保障供给能力，延伸高科技新型产业链条的同时，直接带动周边3600多户农民发展畜牧养殖和种植业，解决了2400多名当地群众就业，间接带动本地3万多人从事畜牧产业，助推了临夏市畜牧业向规模化、标准化和产业化发展，也加快了临夏市贫困农民的脱贫步伐。

（五）"百亩梨园酿黄金饮品"的经济果林致富模式

如果说临夏州有自己独有的山珍果品，那就非啤特果莫属，这也算是大自然给予这片高寒山地子民的一份厚礼。早在20世纪80年代初，生活物资匮乏紧张，吃上水果简直就如同过年吃上一顿肉那样稀奇的年代，每年秋季囤上一麻袋啤特果，搁置阴凉处等其慢慢变软变甜变多汁以后，再拿出来享用，这成为秋冬季家家老少期盼的美事。啤特果，别名皮胎果、剥皮梨、酸巴梨，是一种独特古老的树种，该树种树龄高、挂果期长、产量大。据考证，树龄最高可达180年，单株产量最高可达1800公斤左右，平均单果重125克，最大可达285克。啤特果树具有喜阴湿、耐寒、抗病虫害等特点，生长在临夏州和政县海拔2400米的山区。啤特果是和政县的独特山珍，果品外形与梨十分相似，但味道酸甜，含有氯基酸、糖类、维生素和钾、钙、铁等微量元素，具有养胃润肺、消渴止咳、软化血管等多种保健功能，具有"百果之宗"的美誉。

在精准扶贫、精准脱贫工作中，和政县当地群众把啤特果从点缀田埂地头的自家果树变成了身价不菲的"黄金饮品"，培育成和政县贫困农民致富增收的"金山银山"。

走进和政县买家集镇牙塘村，一片片啤特果林迎着山坡延伸开去，每到春天，雪白的梨花芬芳吐蕊，香飘四里，好似白雪覆盖了山梁；一到秋天，三米多高的树上挂满了沉甸甸的果子，一派丰收景象。这里就是八八集团所拥有的1000亩啤特果种植基地。

啤特果收获时颜色青绿，口味酸涩，在果子架上经过阴凉"出汗"，过半个月后果子由硬变软，色泽由黄转成深酱黑色，这时就成为名副其实的"黑果子"，甘香味美，多汁松软。虽然啤特果味美，但是成熟季节集中，青果又卖不上价钱，常年来，农民仅把它作为一种秋收后的贴补，并没有给农民带来太多收入。如何将它变成致富产业？和政县就想到了果子变饮品的产业化路子，就是把啤特果规模化、科学化种植，青果科学储存，再用现代科技萃取精华和有益元素，制作成老少皆宜的果汁饮品。

八八集团总工程师段彬介绍，啤特果是一种纯天然果品，具有中医保健功效的特点，经过科学加工，公司已将其打造成了集营养性和保健性为一体的"松鸣岩"牌高原酸梨汁、啤特果汁系列饮料等多种纯天然饮品。

从不起眼的"酸巴梨"到老少皆宜的健康天然饮品，啤特果成了和政县贫困农民的致富产业。为了实现科学种植和规模化经营，和政县积极引进企业，开展了"公司+基地+合作社+农户"的业态新模式，让懂市场、有资金、有技术的企业通过合作社与农户牵手，实现了资金、科技、土地、劳动力及市场的各个要素之间的有机结合，成为农民脱贫攻坚的一项主要抓手。

"这种'公司+基地+合作社+农户'模式，首先以订单种植和保护价收购的方式，为种植户免费提供啤特果种植技术培训，以2元/公斤的最低保护价格收购啤特果，对于精准扶贫户高出0.3元/公斤价格收购果品"，段彬说。八八集团组建了5个贫困村啤特果种植合作社，吸纳贫困户53户，建成啤特果标准化示范基地5个，带动全县发展苗木类合作社138个，专业种植户3850户，带动啤特果种植覆盖全县13个乡镇34个贫困村，使果农亩均增收1200余元。随着这种脱贫攻坚新模式深入人心，啤特果种植规模迅速扩大，啤特果产业已成为当地群众稳定增收的支柱产业。

随着啤特果产业的发展壮大，农民陆续从土地上解放了出来。在和政县的广大农村，有众多啤特果专业种植户，一些贫困群众在企业和基地常年务工，做到了在家门口就业，每日多则可挣到工资300元，专业种植户人均年收入达到1.5万元左右。牙塘村党支部书记杨希仁便是其中的受益者，他说他家种植了10亩啤特果，目前已经全部挂果，产量正逐年提高。

啤特果产业在和政县可谓是"名利双收"，实现了经济效益和生态效益双赢。数据显示，2018年和政啤特果种植户为2.6万户，种植面积达17万亩，建成万亩啤特果基地5个，千亩啤特果基地15个，其中6.8万亩已经挂果，产量为6.8万吨。全县有啤特果加工、仓储、运输、销售企业100多家，其中八八集团为规模最大的一家加工生产企业，去年销售收入1.5亿元，解决了当地180多个农村人口的就业。

不仅如此，在丰富啤特果产品种类、延伸产品链条的同时，和政人还把眼光瞄向了啤特果特色旅游，将啤特果业态接续延展，发展了"果园特色旅游""乡俗旅游"和"高原梨花节"等经营项目，带动农村经济纵向立体化发展，不断丰富农民致富路子。每年春天，和政八八啤特果集团有限公司啤特果万亩种植园内，啤特果树鲜花盛开，洁白如雪，成为当地一道春季旅游观光的绚丽景观。围绕赏花踏春和民俗旅游，和政县已经成功举办了3届"高原梨花节"，带动当地农民发展农家乐42家，150多人实现就业，当月人均收入2500元以上，实现了种植、生态和旅游业立体发展，破解了公司依靠啤特果加工销售的单一模式，延伸了啤特果产业链。

（六）特色旅游——跑出临夏州脱贫的加速度

临夏州历史文化悠久，人文底蕴深厚，旅游资源富集。依托丰富的旅游资源优势，临夏州加快了全域旅游资源开发建设的步伐，完善旅游配套服务设施，挖掘地域文化内涵，促进旅游产业快速发展，着力将旅游业打造成为脱贫增收的主渠道和支柱产业。

临夏州旅游资源富集，有丰富的人文历史景观，也有自然生态游览胜地。作为丝绸之路经济带黄金段上的重要节点，临夏州境内有各类文物遗址达584处，被誉为"中国彩陶之乡"；砖雕、木刻、彩绘艺术，被誉为"民族建筑的博览园"；民歌"花儿"源远流长，被中国民间艺术家协会命名为"中国花儿之乡"；和政古动物化石占据六项世界之最；刘家峡恐龙国家地质公园有世界上最大的恐龙足印化石群地质遗迹等。临夏州自然风光秀丽，生态环境优美，有着诸如松鸣岩、莲花山及太子山自然保护区等"森林生态休闲游"核心景区，是甘肃中南部森林生态观光游览胜地。母亲河——黄河在临夏州境内流经103千米，形成美丽神奇的黄河三峡。刘家峡水库有中国第一座百万千瓦级水电站，国家首批工业旅游示范点刘家峡水电站。

为了将旅游资源优势转化为产业发展优势，成为旅游业发展的重点，临夏州先后出台《"十三五"旅游业发展规划》《旅游百亿元产业发展规划》，着力将旅游业打造成首位产业。到2018年，临夏州国家A级旅游景区达到16家，其中3A级及以上景区达到13家。"十三五"以来，全州实施旅游项目149个，累计完成投资184.45亿元，2018年已有96个旅游重点项目竣工，形成了"春赏花、夏避暑、秋摘果、冬玩雪"的四季旅游产品品牌。

2018年临夏州坚持全域全季节旅游发展方向，推动永靖国家级全域旅游示范区、临夏市省级全域旅游示范区和黄河三峡5A级景区创建，加大松鸣岩、八坊十三巷、大墩峡等重点景区建设和乡村旅游发展，促进旅游与文化、体育、商贸融合发展，成功举办临博会、牡丹节等一系列活动，国家文化和旅游部、国务院扶贫办在临夏举办"三区三州"旅游大环线推介活动，国务院和省政府通报表扬了临夏八坊十三巷旧貌换新颜，城中村变身文旅新地标的典型事例,黄河三峡荣膺"2018最具影响力景区"。2018年全州接待游客2098.61万人次,同比增长32.3%,实现旅游综合收入96.39亿元,增长37.03%。① 旅游产业距离临夏州打造脱贫攻坚三个"百亿元"产业之一的目标近在咫尺。

如果说"景区大旅游"为展示临夏形象、助推脱贫攻坚、带动县域经济发展和群众增收致富奠定基础。那么"乡村小旅游"直接发力于乡村文化休闲旅游、现代农业观光采摘旅游和农家乐美食娱乐旅游,带领贫困群众增收致富,带来实实在在的好处。

临夏县在着力改善旅游基础设施,打造临夏刺绣、葫芦雕刻、砖雕等旅游产品的同时,推动以农家特色餐饮、农业采摘等为主要功能的农家乐旅游快速发展。在临夏县麻尼寺沟乡关滩村,康玉龙农民养殖专业合作社社长康玉龙经乡政府、村委会批准,流转当地10户群众土地19.2亩,修建了康家生态园。后续又动员关滩村30户群众以每户1万元入股,发展了康家清真生态园二部。

"2016年至2018年,康家生态园已带动30户贫困户中的29户120多人受益脱贫",康玉龙说。为了增加贫困户收入,康玉龙还从贫困户家中收购各类农产品到生态园进行销售,帮助贫困户增收。

2018年,临夏县已经探索形成了"景区+乡村旅游""城镇+乡村旅游""康养+乡村旅游""文化+乡村旅游"等多种乡村旅游发展模式,带动920户贫困户3785人脱贫。2019年1—8月,接待游客68.61万人次,同比增加18.6%;旅游收入超过3亿元,同比增长21.8%。旅游业已成为临夏县现代服务

---

① 临夏回族自治州人民政府网站,http://www.linxia.gov.cn/Article/SinglePage? Channel=00010001,2019年12月15日。

业的龙头产业和县域经济的重要经济增长点。

位于东乡县唐汪镇的马巷村是该县乡村旅游扶贫示范村之一。依托杏花、杏产品资源优势，东乡县从2019年开始在马巷村举办唐汪杏花旅游节和唐汪杏子采摘月活动，开启"四月赏花，七月品杏"的"杏产业+休闲旅游"模式，并连续3年在兰洽会开展大接杏展示展销活动，取得良好效益。

"如今，杏花旅游节越办越好，吸引了不少游客，我们村6户村民办起了农家乐。"马巷村村主任马国玺介绍说，村里还硬化公路，修建公共厕所，进行村容村貌整理，用更好的环境和服务吸引和回报游客。

据统计，2019年1—9月，东乡县接待游客54万人次，旅游综合收入2.27亿元。东乡县在杏花旅游节和杏子采摘月活动期间共接待游客33.4万人次，收入达7660多万元，为贫困户找到了一条脱贫致富的新路子。

东乡县文体广电和旅游局副局长陈涛说："未来，我们将认真谋划推进河滩综合产业园、唐汪考勒田园综合产业园、东塬文旅产业园建设等，以及北岭乡大湾头村、春台乡周家村、锁南镇伊哈池村、河滩镇祁杨村4个文旅扶贫重点村项目，继续推进乡村文旅发展，不断提升文旅产业层次。"

永靖县依托距离省城兰州近，适宜大棚种植果蔬的优势，发展现代农业观光采摘旅游业，使贫困农民也端上了旅游的"金饭碗"。

"咱就是普普通通种地种菜的农民，没想到也能端上'旅游+'的金饭碗。"正在大棚里帮游客采摘草莓的临夏州永靖县富景种植农民专业合作社社员李双女感慨地说。2014年3月，注册资金2800万元的富景种植农民专业合作社在三塬镇下塬村成立了，李双女是三塬镇下塬村五社的村民，成了合作社的社员。合作社主要开展果蔬种植、贮藏、销售、运输、技术培训、交流和咨询服务等业务，是一个集高效种植、生态有机、观光旅游、产供销于一体的综合型合作社。目前，合作社是永靖县人社局认定的就业扶贫车间，也是省级农民专业合作社示范社，已有社员184名。合作社依托三塬现代农业综合示范园区，承包经营新型节能日光温室251座，推广应用水肥一体化、椰糠无土栽培、航天育种蔬菜示范种植、雄蜂授粉等新技术，种植辣椒、草莓、西红柿、西瓜、番瓜等绿色时令果蔬，培育草莓、辣椒、西瓜等优质种苗，年产各类果蔬3500多吨，产值达6300多万元。同时，合作社还按照"农业＋旅游＋合作社＋农户"的发展模式，创新经营管理理念，设立航天育种和花卉观光区、鲜果采摘区、生态餐饮区、土特产购买区，大力发展休闲采摘、观光农业，让游客吃得放心、玩得舒心，尽情享受田园风光。合作社年接待游客3万多人次，实现旅游收入150多万元。

为了帮助贫困户脱贫致富，合作社采用土地经营权有偿出让，扶贫贷款定额分红，直接资金入股等方式，吸纳精准扶贫户入园参与经营，享受免租1年的优惠政策，解决了贫困户缺乏创业资金的难题。同时，对贫困群众免费进行技术培训，统一组织到园区就业，切实增加群众收入。临夏州永靖县三塬镇党委书记唐致富介绍，截至2020年4月，富景种植农民专业合作社共吸纳贫困户35户，年带动贫困户户均增收3万元，吸纳残疾人107名，每户入股1500元，每年按不低于10％的比例享受保底分红，2017年以来发放分红6.5万元。

全域旅游基础在乡村。临夏市除了办好城市文化旅游外，还着力打造周边乡村特色旅游，带动村民脱贫致富。

临夏市南龙镇马家庄村一直保留着制造马具的工厂，且工艺流传至今，形成了别具特色的临夏马具文化。为了增加村集体收入，拓宽群众增收渠道，2018年3月，马家庄成立众兴集体经济产业合作社，组织村民清运垃圾、平整绿地，将一座占地50亩的建筑垃圾堆放点改造成一个集马术表演、矮马娱乐、蒙古包体验、餐饮休闲于一体的文化旅游项目——西北马术演艺游乐园。为了吸引更多游客前来，众兴合作社投资110万元，引进特技马19匹，观光马车5辆，并联合来自四川的30多人的马术演艺团，定期在游乐园内现场表演。

"我们将上级下拨的30万元集体经济项目资金作为本金入股游乐园，并吸纳群众以入股的方式参与分红。"村支书马源来介绍说，游乐园建成后预计年收益50万元，收益的40%存为风险预备金，用于保证其他各村入股本金的安全，40%用于自身再发展，剩余20%用于分红。这样一来，不仅充实了村级集体经济，还增加了贫困群众的收入。

"除了每月3000多元的工资外，年底还有分红"，村民王继红高兴地说。看到项目前景的他，以每股100元的价格，入股资金3000元。2018年在马家庄村入股游乐园的群众已达118户，其中精准扶贫户63户，占全村建档立卡户的100%。

马术演艺游乐园的兴建，让村民腰包鼓起来的同时，也改变了村民的生态环保意识和精神世界。

"现在家家户户门前都有垃圾箱，大家再也不会随处丢放垃圾，并且会很自觉地打扫院内、门前的环境卫生"，村民唐新娥介绍说。

"以前，白天种地，天一黑就睡觉了；现在，一天工作结束后，还能在现场观看马术表演，生活越来越美好了。"马家庄村村民李顺吉说，现在大家每天交流的，都是如何脱贫、如何致富等问题，干劲儿也越来越足了。

随着马家庄村马术产业的蓬勃发展，当地马具企业也迎来了发展的"春天"。村民马德胜就是其中之一。马德胜家从20世纪90年代起就生产马鞍，但生意一直不尽如人意。如今，马术场吸引了游客，订单也随之增加，他又多雇了8个村民，现在每月能卖出六七百盘马鞍，预计2020年保守收入10万元。

"现在，越来越多的人知道并了解我们的马具企业，我们的产品已经卖到国外，并受到广泛好评"，马源来说。企业吸纳当地大批群众就业，并优先录用建档立卡贫困户，使他们有了稳定收入，很多人因此脱了贫。

"过去，由于身体不好不能外出打工，全家仅靠几亩薄田维持生计，一年到头，手里也没几个闲钱。"60多岁的村民王继红说，现在，种地够家里人吃就行，每天都去"上班"，每月都有固定收入，年底手里还有些存款。如今的王继红，既是一位农民，还是一名产业工人，更是一名"股东"。他所说的"上班"，就是去村里距家1千米外的马具户外运动有限公司维修马具器材。

临夏市南龙镇妥家村继推出夏季百亩油菜花节，秋季八瓣梅观赏节及一系列乡村振兴文化活动之后，于2019年冬季升级改造田园冰雪世界，举办南龙镇金色草滩首届冰雪狂欢节暨传统农耕竞技大赛，开展农特产品展示、研学、灯展、文艺演出等活动，让前来游玩的市民体验乡村冰雪大世界的刺激挑战与无限欢乐。

"为方便市区市民游玩，冰雪节前市区公交车直接开通到草滩。这是贫困户参与，农民以土地、房屋入股合作社，共同打造的冰雪节。农民除了分红外，还可以通过摆摊设点，卖特色农产品增加收入"，南龙镇副镇长梁君说。

在贫困户窦山录的家里，玉米棒堆满了院子，他家养了11只羊，2019年刚脱贫。"好得多了，沾了旅游的光，路也修到了家门口，不用出村，自家产的蔬菜就可以卖掉，还能在合作社打工，一个月3000元。去年卖了6只羊，一只羊1800元，6只母羊一年最少能产羔24只。下一步我计划与村里养羊户联合成立合作社发展养羊产业……"窦山录高兴地说。

临夏市折桥镇折桥村被称为"河州美食第一村"，2019年7月还被列入文旅部第一批全国乡村旅游重点村名录。近年来，折桥村抢抓临夏市旅游市场机遇，走差异化发展道路，不断改进和丰富菜品，在游客心中烙下了"折桥印象"。"折桥湾爆炒草鸡""折桥湾爆炒羊肉"和折桥湾炕锅洋芋、肉末粉条、酸辣白菜、虎皮辣子"四大名菜",备受游客青睐。

折桥村人多地少,人均耕地0.35亩,是东乡、回、汉等多民族聚居的民族村。历年来,折桥村群众以种植、养殖、务工、经商为主要经济来源。

"早在1982年,第一家农家乐便在折桥村开业,之后,村民相互学习取经,效仿开办农家乐,到2012年已经形成规模,2019年新发展农家乐10家,全村农家乐达110家,直接从业人员1200多人,年营业额3000多万元,年均纯收入1200多万元,年接待游客20多万人次",折桥村党支部书记马福荣介绍说。

临夏市委、市政府把发展壮大农家乐作为实现富民增收、提升群众幸福感、获得感的重要渠道。建档立卡户享受5万元贴息精准扶贫贷款,当年新开办农家乐每户享受1万元奖补资金、10万元低息"农家贷"等优惠政策。

2017年,贫困户马龙在政府和村委会的支持下,将原有的住宅装修一新,开起了农家乐。短短半年时间,马龙脱贫。转眼3年,他不但还清了所有贷款,还有了余钱,小日子过得很滋润。

马福荣介绍,像马龙一样,全村先后有18户贫困户依靠农家乐脱贫。2018年整村脱贫,村固定资产达600万元,人均纯收入从2013年的4600元提高到2018年的16500元。几年前,村民马玉忠在折桥村开办了玉忠农家院,回顾过去,他感慨地说:"过去我在外地打工,一年收入除了开支所剩无几,成了村里的贫困户,驻村干部动员我开办农家乐,通过精准扶贫项目帮扶,我从亲戚朋友处借了些钱办起了玉忠农家院,生意一年比一年好,每年收入14万元左右,家里也照顾了,钱也挣了,生活比以前好多了。"

"折桥村为壮大农家乐发展,打造了'魅力折桥湾'品牌,成立了魅力折桥湾农家乐协会,提升了农家乐经营档次和对外形象，进一步做大了产业"，魅力折桥湾农家乐协会会长马武兴说。

临夏州各县市还立足自身优势，举办了牡丹文化月、梨花节、杏花节、名菜名吃争霸赛等多种形式的文化旅游节会活动，极大地提升了临夏乡村旅游知名度。2019年年底，全州乡村共接待游客825.25万人次，实现综合收入16.18亿元，占到全州旅游收入的16.78%。乡村休闲旅游产业不仅扮靓了村庄，解决了农村空巢老人问题，增加了就业岗位，助推了文旅农融合发展，也鼓起了村民的"钱袋子"。

（七）光伏产业——贫瘠土地上脱贫增收的铁杆庄稼

临夏州自然条件严酷、贫困程度深、贫困面大、返贫率高，特别是东乡县、积石山县、永靖县部分流域生态环境脆弱、群众居住分散，培育产业难度大、周期长，脱贫任务艰巨。针对产业发展滞后，贫困群众持续稳定增收渠道窄、难度大的实际，临夏州委、州政府着力破解产业扶贫难题，在继续抓好种植、养殖、劳务等传统产业扶贫模式的基础上，探索光伏产业，确定了大力发展光伏扶贫产业项目的决策部署。

积石山县中咀岭乡庙岭村是典型的深度贫困村，虽然村子依山傍水，山林静谧，溪水潺潺，风景优美，但是这里地处高寒阴湿的二阴山区，全村1900亩土地，竟没有一亩是水浇地，人均占地面积不足1亩。2013年，全村379户中有278户被定为建档立卡户，村支书马孝仁感叹道："起早贪黑种土豆，好的年份一亩也只能收入500元。"贫穷的生活迫使村里年轻人纷纷外出打工，村子"空壳化"现象越来越严重。脱贫攻坚战打响后，通过搞养殖、劳务输出、扶贫车间等途径，庙岭村贫困面大幅度减小，到2017年年底，全村只剩下69户未脱贫。

这剩下的69户贫困户怎么办？如何帮助庙岭村这样的深度贫困村找到增收致富的新路子？按照上级部署，依托国家光伏电力扶贫政策，积石山县政府于2017年6月决定将高利润、小风险、长收益的光伏扶贫项目引进到村里，作为扶贫增收的突破口。

经过省电力设计院专家实地考察，一座装机容量959千瓦的光伏电厂项目选址在了庙岭村。节能环保、收益稳定、不占用耕地就能创造利润，这些优点使积石山发展光伏发电项目的思路得到东西部协作扶贫结对单位——厦门市海沧区的极力认可。有了国家政策支持和结对帮扶，发电站所需资金问题很快得到解决，占地30亩的集中式光伏发电厂迅速建成，庙岭村的荒山坡地上"盖"上了一片片青色闪亮的太阳能光伏板，一时间成为点缀庙岭村现代化气息的另一道风景。

据了解，光伏项目从2018年12月就正式并网，到2019年1月的近2个月时间里累计发电5.7万度。按扶贫电价每度0.75元计算，这片太阳能发电板已经累计产生效益4.2万元。

"这个东西太神奇，对着太阳就能变出钱来。"66岁的贫困户马国禄是发电站聘用的管理员，每月工资1000元。他的工作就是护理电池板、刮风扫土、下雪扫雪、检查电板、巡视围栏，一天到晚几乎都在电站里忙活。"政府把'宝贝'送到了家门口，我们没理由不珍惜"，马国禄高兴地说。他家离发电站只有10分钟的步程，即便如此，他都不愿回家待着。

村里引来这样"赚钱"的项目，高兴的不只马国禄，电站流转土地、发电的大部分收益，都将用于当地群众脱贫致富。每户每年最少可以从电站收入3000元，村集体也将有每年5万元的收入用于改善村子基础设施和扶贫。"只要电站正常运行，庙岭村就不愁脱贫"，村干部马孝仁说。光伏电站送来的不仅是看得见的"真金白银"，还有生态环保。据积石山县发改局副局长李宝玉介绍，庙岭村光伏发电场地只需一个人看管就够，晴天一天就能产生900多度电量，发电两个月，电站就能减少二氧化碳排放量1.67吨，相当于在山上栽下91棵树木。

光伏发电是临夏州贫瘠土地上长出的"铁杆庄稼"，一次投入，带来经济、生态、社会三重效益，让农民脱贫增收、生态环保和社会发展三个问题得到了协调解决。

东乡县、康乐县、和政县、临夏县和永靖县也相继实施光伏扶贫项目，带动贫困村脱贫致富。截至2019年年底，临夏州建成并网发电的光伏扶贫电站103座，总装机容量263.395兆瓦，位居全省前列，占全省总装机规模的近1/3。据测算，年发电量可达3.2亿度左右，年可增加收入约2.4亿元，惠及全州7个深度贫困县的581个贫困村、51566户贫困户。在国家20年的补贴期内，将为临夏州贫困县增收近50亿元。

三 扶贫车间
——在家门口就业增收的扶贫新模式

（一）临夏州扶贫车间的模式探索

精准扶贫，就业先行。

作为具有"造血"功能的主要扶贫方式，产业扶贫通过将贫困人口纳入产业转移布局和产业链分工，充分发挥贫困人口的劳动力要素资源，从而实现贫困人口稳定创收。但是随着精准扶贫工作的不断深入，在需要增加产业扶贫资源供给的同时，越来越需要扶贫资源更贴近贫困户的家庭情况和贫困人口的个人情况，以便使扶贫工作更加精准至家庭，更加精准至个人。"扶贫车间"就是产业扶贫思想与贫困户闲置劳动力实际情况相结合的有益尝试，是帮助贫困户稳定增收的一项行之有效的扶贫举措。这种方式把过去简单的送钱送牛羊到家变成现在的送工作到家门口，就业、务农顾家两不误，实实在在地激发了贫困人口的内生动力，发挥出"小车间"的大作用。[①]

对于临夏州来说，扶贫车间还有着更多层面的意义，即"扶贫车间"是解决贫困群众特别是留守妇女就地就近就业，致富能人回乡创业问题的有益探索，是推进就业扶贫和产业扶贫

---

① 童永胜、张光新：《"扶贫车间"如何充分调动农村闲置劳动力》，《农经》2018年第6期。

的重要抓手，也是培育易地扶贫搬迁农户后续支撑产业的重要举措，更是提高妇女家庭地位，推动妇女思想观念的深刻变革的重要力量，对于弥补产业发展短板，加快推进脱贫攻坚具有积极意义。

近年来，临夏州抢抓国家扶持深度贫困地区脱贫攻坚，推进实施"乡村振兴"战略和大力发展特色富民产业的重大机遇，积极打造"扶贫车间"，探索出了一条就近就业扶贫新路子，有效解决了农村妇女就业问题，有力促推脱贫攻坚进程。

针对部分贫困户无法外出务工的实际，临夏州共探索出四种"扶贫车间"建设模式。

第一种，厂房式"扶贫车间"。通过帮扶单位引进企业办"扶贫车间"，东西部扶贫协作引进企业办"扶贫车间"，州内企业办"扶贫车间"，返乡创业人员领办"扶贫车间"等形式，县（市）政府提供培训和厂房（乡镇、村集体的老厂房、学校旧址、商业用房等闲置土地、房屋），企业出资金、带技术、找市场，组织贫困人口从事农产品初加工，来料加工制造等劳动密集型生产。

第二种，居家式"扶贫车间"。按照"小分散、大集中"的要求，由企业找销路、签订单，制订生产计划，生产任务下达农户，农户利用闲置民房，按要求在家分散加工，最后由企业集中包装、统一销售，形成不受限于固定的时间地点，与农闲对接的居家式"扶贫车间"。

第三种，合作社式"扶贫车间"。依托农村"三变改革"，充分发挥村集体的组织、带头、示范作用，通过"村集体＋合作社＋贫困户"的模式，引导村资金、村集体和贫困户以土地、扶贫资金入股等方式建设。除年终领取保底金和分红外，有劳动能力的贫困劳动力还可到合作社务工增加收入。

第四种，"互联网＋"式"扶贫车间"。对适合线上销售的产品，电商企业和电商创业个人积极对接，优先在线上推广销售，形成"互联网＋"式"扶贫车间"。

"脱贫攻坚，增收是关键。'扶贫车间'帮助贫困户找准了贫困根子，解开了思想扣子，激发起致富信心，已成为贫困群众脱贫致富的催化剂、助推器"，临夏州人社局负责人介绍说。

"扶贫车间"建设是一项系统工程，涉及面广，参与对象多，管理服务周期长，需牢牢把握关键环节和工作重点。临夏州明确提出，"扶贫车间"是一个成熟企业的组成部分，一个成熟产品的加工点，通过企业的帮带作用，激发贫困群众的内生动力，并帮助贫困劳动力获得一技之长，确保收益的稳定性。临夏州委主要负责人表示，只有以诚信定企业、以订单定项目，才能确保项目的扶贫性和有效性，确保贫困劳动力收入的可靠性和长期性。

"各类经济组织吸纳临夏籍建档立卡贫困劳动力10名及以上或占用工总数20%以上就业；签订6个月（培训和实训时间不计）以上劳动合同；按时足额发放劳动报酬；有固定的厂房和车间。只有满足以上条件，我们才能将其确定为'扶贫车间'，并享受相应的优惠政策"，临夏州人社局负责人介绍说。

为了吸引更多的企业参与扶贫车间建设，在加大基础设施建设的基础上，临夏州全面落实各类优惠政策，引导企业建立"扶贫车间"，吸收带动贫困户就业。临夏州委、州政府要求，各县（市）、各相关部门要立足资源优势和产业特点，坚持以诚信可靠的成熟企业、成熟产品、成熟市场为牵引，以乡（镇）为主体，以村（社区）为单位，因地制宜，科学规划，通过引进企业援助办、"三变"改革集体办、扶持创业能人办、牵线搭桥网上办、依托资源组团办等多种形式，在有条件的行政村建设"扶贫车间"。同时，要求实施易地扶贫搬迁项目在30户以上集中安置点做到"扶贫车间"全覆盖，在县城、集镇百户以上集中安置点建设2个左右"扶贫车间"，并解决好农民的后续产业支撑问题。

到 2019 年，临夏全州累计建成扶贫车间 247 个，吸纳就业 1.08 万人，其中建档立卡贫困人口 5520 人。目前，已建成并挂牌认定的扶贫车间总体运行良好，在解决贫困劳动力特别是留守妇女就近就业方面，发挥着很好的作用。

（二）让雨伞从山沟沟走向世界的积石山县雨伞扶贫车间

"导河自积石，至龙门，入于沧海。"（《尚书·禹贡》）积石山，这个传说中大禹治水的地方，地处青藏高原与黄土高原过渡带，高高的积石山连绵百里，大小数十座山峰山势起伏，西南部高寒山区、东北部干旱山区包夹着中部二阴山区，正所谓"高处不胜寒，旱处土冒烟"，高寒与干旱成为人们走出大山的"绊脚石"，摆脱贫困的"拦路虎"。积石山县位于临夏州西北部，往西与青海省循化县毗邻，黄河如一条碧绿的玉带，穿县而过。全县总人口 26.36 万人，有保安、东乡、撒拉、回、汉、土家、藏等 10 个民族。其中，积石山保安族东乡族撒拉族自治县是甘肃省唯一的多民族自治县，也是唯一有保安族的自治县。积石山县属于六盘山贫困片区，是国家扶贫开发工作重点县。

精准扶贫到攻坚的时刻，各类扶贫政策和资源能用的都已经用上了，贫困户里能外出打工的青壮劳动力也都已经出去打工了，剩下的多是些老人、妇女和儿童以及部分行动不便的残障人员。什么样的就业扶贫能兼顾田间的劳作和工厂车间的工作，还能照顾老人和孩子呢？送岗上门，就近就业，让不少身在农村的"就业边缘人"变身产业工人，"扶贫车间"就是这样一种就近就业扶贫方式。

为了让这些留守家里的劳动力也能够在家门口"有所作为"，积石山县政府努力与东西协作的对接城市厦门市联系，把扶贫车间建在村里，把工作送到家门口。积石山特利强雨伞车间就是其中的代表。

2018年，积石山县通过招商引资，经厦门市海沧区政府牵线搭桥，按照"政府扶持、企业搭台、贫困户参与"的原则，由厦门海投集团、厦门特利强雨具有限公司、积石山县政府三方携手共建，成立了积石山县海沧产业运营有限公司。公司采取"扶贫工厂（总厂）+扶贫车间（村级加工点）+贫困户（散户）"的模式运行，把加工伞骨、缝接伞布和雨伞总成等车间建在积石山县吹麻滩镇，吸纳县城及周边村镇的妇女进车间工作。雨伞车间于2018年6月底正式投入运营，7月初就接到了2700打雨伞（每打有12把）的大订单。

积石山县特利强雨具扶贫车间注册资金为1000万元，已投入资金940万元，其中海沧区累计投资540万元，县上投资400万元，有伞骨加工、伞面加工等12个工作区17个工段。

雨伞车间现有就业人员145人，其中贫困劳动力70人，占从业人员的48.3%，聋哑残障人士6人，解决了县城及周边村镇贫困劳动力的就业问题。

"雨伞加工有四道工序，三个月后成为熟练工，人均月收入2100多元"，厂家技术员杨桃生说。他刚来积石山县时，起初感到人生地不熟，现在已经和工人们打成一片。跟他一起从厦门来的技术员有5名，专门负责技术培训和质量监控等工作，由于人手不够，车间又从新招录的当地员工中培养选拔了5名技术员，伞骨车间的张国霞便是其中一位。她家住在胡林家乡张豆家村，通过培训成为熟练工，进厂两个月后就做了车间机组管理员兼统计员，每月薪酬收入2600元，如果加上计件工资，她挣得比别的工友还要多一些。

扶贫车间建设初期，有151名贫困妇女报名参加，厂里正式对她们进行了为期一个月的技术培训，然后上岗，培训期间参加培训的人员每人可以得到2500元补贴，边培训边操作，计件工资每月2100多元。

今年20岁的李爱莲正在电动伞骨冲床操作，已上了一个多月的班，家住关家川乡关集村的她，上个月挣了2412元工资。她说自己挣得不算最多，伞骨车间上个月收入第一名的是樊大桃，家住吹麻滩镇林坪村，上个月拿到了2769元。刘集乡河崖村青年农民许生岩，组装伞骨20打，每天能挣60多元。来自吹麻滩镇林坪村白崖湾社的52岁脱贫户妇女马素米，已经在厂里工作一年多了，平均下来，马素米的月工资能保持在2100元左右，她已从农家妇女成功转型为产业工人，并依靠扶贫车间的务工收入成功脱贫。

柳沟乡阳山村村民樊玉林，是村里的建档立卡贫困户，以前曾随丈夫四处打工，在青海挖过虫草，赴新疆摘过棉花……可家中还有老人和残疾的儿子需要照顾，这让她每次外出都放心不下，牵挂家人，因此总是只能打短工。2018年10月她外出打工回来，听说县里有了扶贫车间，就报了名，培训期一个月，可一周后她就主动要求开始计件算工资，第一个月就挣了2600多块钱，这让她十分欣喜，在家门口的扶贫车间工作，能让她有更多时间照顾家里的老人和儿子，简直太方便了。

"加工伞骨、缝接伞布，技术含量不高，下一步我们将向乡镇村延伸，物料能在村庄加工，可在家里生产，时间灵活，自主支配，熟练工月均能拿到3000元以上"，积石山县海沧产业运营有限公司经理殷国玉说。

公司根据生产实际情况和劳动力就业需求，正在计划扩大雨具加工生产规模，同时采取村级扶贫车间集中加工或在家庭分散加工的方式扩大规模及覆盖面，把雨具加工产业打造成积石山的主导产业之一，力争三年内带动800—1000名当地农民工及建档立卡贫困户就近就地就业，实现稳定脱贫。可以预见的是，如果车间搬到村镇，那将又是一大进步，因为这样一来，不便离家太远的劳动力，比如家庭主妇、残障人士等就可以就近上班工作，既能照顾到家庭、方便自己，又能干一份工作多挣一份钱，真正能做到生活与工作挣钱两者兼得，有助于脱贫和提高生活质量。

积石山县扶贫车间生产的雨伞远销日本、韩国和德国等国家。这让很多人听起来难以置信，人们都不相信像积石山县这样的山沟沟能生产出远销国际市场的产品，再说把原料从厦门拉过来，再把雨伞从积石山运出去，这一进一出，千里之外，算算经济账也感觉不划算。实际情况却让我们刮目相看。

如前所述，积石山县特利强雨具加工厂2018年7月初接到的第一笔订单是2700打雨伞，每打有12把，要求于当年10月初交运厦门港，出口日本市场。订货的台商欧建良从厦门来到了临夏州专程查看厂子情况，当他第一次踏上传说中的"大禹治水源头"——积石山县时，这里的一切让他眼前一亮。他感慨道："以前只是耳闻，印象中的西北，戈壁荒漠、地广人稀，然而到了临夏，看到的景象出乎想象：到处山清水秀，民风淳朴，临夏群众善良厚道。"雨伞的交货期限临近时，欧建良再次来临夏考察生产进度，看到雨伞加工生产流水线上，40多名当地工人娴熟操作，他心里踏实了，厂子生产情况和产品质量使他再次对临夏有了好感，更加认可了临夏人办事的信誉度。欧建良说："厦门到临夏2500多公里路程，物流成本与劳动力成本综合考虑，我们看中的是劳动力市场优势，深化厦门与临夏东西部扶贫协作领域，把雨具生产基地建到临夏，拓展市场空间的同时，拓宽当地贫困群众脱贫途径，两地合作发展，互惠互利，实现共赢目标，是我们看重的着力点。"如果细算账的话，原材料和成品运费加起来多出的部分，赶不上在东南沿海开工办厂所要多支出的劳动力费用、场地租用费、水电成本等，算来算去，在积石山办厂子更划算。

积石山县雨伞车间是东西协作扶贫的范例，也是扶贫车间中的佼佼者，为临夏州精准扶贫和精准脱贫积累了经验，也为扶贫车间提供了范例。

到 2019 年，积石山县像雨伞车间这样的扶贫车间已建成 27 家，正在建设的有 118 家，等全部建好后全县扶贫车间将达到 145 家，粗具规模的扶贫车间有 7 家。积石山县特利强雨具加工厂、积石山县中天创客电商培训孵化基地、积石山县阿阳布鞋厂、积石山县白家沟扶贫车间、甘肃叶之漫品牌服装厂、积石山县火焰山太阳灶制造厂、积石山县昌宏民族民间工艺品有限公司等，已吸纳劳动力 941 人，其中建档立卡贫困劳动力 546 人。

（三）花馃馃手艺让东乡族妇女圆了致富梦

花馃馃是甘肃省东乡族自治县的一种传统面点，也是该县的非物质文化遗产。它以面粉为主料，加入菜籽油、鸡蛋和蜂蜜，做成各种花型后油炸，口味香甜酥脆。逢年过节或者婚嫁庆典的时候，东乡族群众家里都要摆上一桌子，走亲访友时都要尝尝主人家的花馃馃，并比一比哪家的花馃馃做得酥脆香甜。花馃馃成了老少皆宜的美食甜点，同时也成了考验妇女们厨艺的一个重要指标，家里有女孩子的家长一定要把这手艺传给姑娘，这样代代相传，将这门手艺保留了下来。但是，谁也没想到，正是这门东乡县妇女几乎都擅长的手艺，给深居家里的家庭妇女带来了收入，变成了"金手艺"，成就这一手艺的就是东乡县花馃馃扶贫车间——布楞沟村巾帼扶贫车间。

从东乡族自治县县城出发，要翻过好几个山头，爬过好多道沟，才能到布楞沟村。村子在山坳坳的沟底，呈长条形分布，西侧正在新建的折红二级公路旁，是一排排整齐干净的新房子，底下埋着翻山越岭才铺过来的自来水管道通往家家户户。43 岁的马热则从家里出发，只要步行几分钟，就可以走到东侧的扶贫车间。①

马热则就在扶贫车间工作，负责烹炸东乡族传统美食花馃馃。在她身后，20岁的马翠梅切面，51岁的马哈麦和另外3位中年妇女用和好的面捏花花。她们每天都会忙个不停。在她们手中，一盘盘色泽鲜艳、香脆酥甜的花馃馃装进打着"马半半"商标的包装盒，运出大山。"以前只有过节时才吃得上花馃馃，现在我们是想吃就吃，还能把它们卖到全国各地。"马热则说着，脸上露出灿烂的笑容。

"马半半"这一品牌是当地人马娟注册的。作为东乡族姑娘，2017年她在西安建筑科技大学读完硕士后，并没有留在大城市工作，而是不顾家人反对，毅然决然地回到家乡，以"互联网+电商公司+贫困妇女"的模式搞起了东乡花馃馃的研发、生产和销售，开启了创业之路。在马娟看来，家乡许多东乡族女性受教育程度低，不能像男人们一样外出打工，没有自己的收入，所以有了一个通过创业去帮助她们的想法。马娟对家乡非常了解，她知道花馃馃是东乡族传统食品，每个家庭的东乡族妇女都会制作，如果把花馃馃做成像糕点一样的商品，就可以通过电商平台卖到全国各地，摆上千家万户的餐桌。马娟的点子既切合市场需求，又解决了东乡县山区贫困妇女的就业难题。马娟想好了就立马行动，她说服父母，利用自家的8间平房，开始自制花馃馃。过去，人们做花馃馃都是居家自用，村里有几家小作坊，也仅限于本地销售。而她开了网店后，一下子打开了市场，产品供不应求，大大激发了她的创业热情。"马半半"花馃馃项目很快被引入东乡县政府的扶贫车间。产品在互联网上销售火爆，一直供不应求。布楞沟村巾帼扶贫车间花馃馃生产技术顾问马麦热自豪地说："每到春节前后，花馃馃的

---

① 卫庶、刘琼、郑娜：《"马半半"是幸福的花馃馃》，《人民日报·海外版》2018年12月12日第1版。

订单需求激增，我们巾帼车间33名女工便开始紧张地忙碌起来。"

有了扶贫车间，来自布楞沟村50多户贫困家庭的妇女就参加到花馃馃制作大军，在家门口当起了"上班族"。经过3个月的培训期后，车间采取计件工资制，如果每人每天上班，预计可以实现人均年收入近3万元。

"没想到，花馃馃变成了人人喜欢的香馍馍。我们东乡族妇女靠着勤劳的双手，也能撑起脱贫致富的半边天！"村妇联主任马麦热捧着她获得的"东乡县非物质文化遗产项目东乡族油炸食品代表性传承人"荣誉证书，高兴地说道。

根据布楞沟村支书陕文斌介绍，2018年布楞沟村的人均可支配收入达6815元，是2012年的4.2倍。而2012年年底，布楞沟村农民人均纯收入仅为1624.1元，远远低于全省全州平均水平，贫困面一度高达96%。这样看来，有了包括扶贫车间在内的各种精准扶贫措施，农民收入确实得到了很大的提高。

"马半半花馃馃的成功，一半代表着东乡群众的自立自强，另一半则体现着政府的扶贫政策"，布楞沟村驻村第一书记马进堂说。的确，正是有了东乡族群众的这种自强自立的硬气劲儿，加上政府的各种好政策和帮扶，贫困群众才盼来了梦寐以求的好日子。

2019年年底，像布楞沟村巾帼扶贫车间这样的扶贫车间，全县已建立运行35家，吸纳就业1586人，其中建档立卡贫困户863人。这些车间都是依托中石化定点帮扶和厦门湖里区东西协作而建设的，东乡县政府从政策、项目、资金等方面给予扶贫车间重点倾斜和支持，扶贫车间带动发展了八宝茶包装、传统食品制作、服装布鞋加工、雨伞制作等劳动密集型产业。这些扶贫车间不仅使东乡县贫困户及贫困妇女可以在家门口实现务工就业，而且使广大妇女走出家门成为产业工人，真正做到了照顾家庭、干农活与上班挣钱"三不误"，成为最有效、最直接的精准脱贫手段,也使得"劳动创造幸福""扶贫先扶智"的理念渐渐成风,深入人心,有效助推了脱贫攻坚进程。

扶贫车间不仅给当地贫困户带去了就业挣钱的机会,通过参加扶贫车间的劳动,妇女们的观念发生了变化,信心更足了。据布楞沟村巾帼扶贫车间马娟的观察,她的扶贫车间在招工之初前来报名的人很少,受传统观念影响,很多妇女不愿意迈出家门到车间务工就业。还有一部分妇女认为自己是一个女人,做不出什么成绩,对自己没有太多信心,也不愿出门。经过马娟的宣传和坚持,扶贫车间才逐渐发展壮大起来。看到身边的姐妹们去扶贫车间上班拿到工资,越来越多的东乡族妇女也决定走出家门,参加到产业大军里来了。

"现在大不同了,妇女可以自己赚钱,观念转变了,也更自信了。刚来到车间上班,她们不善于表达,都埋头干自己的活儿,很少说话交流,现在车间里气氛活跃,大家开始积极主动接触新事物,学习产业奖补政策、劳动法等信息。"这些变化虽然不起眼,但是对于本就封闭落后的农村来说,是很深刻的,代表着一个社会变革的缩影。如今,布楞沟村花馃馃车间从当初不足60平方米的小作坊,变成"布楞沟流域食品发展联盟",带动周边6个村子办起了花馃馃生产线,使5000多名贫困群众实现就业和稳定增收。

巾帼扶贫车间所在的布楞沟村是东乡县一个山坳坳里十分安宁却很不平凡的村子。2013年2月3日,习近平总书记一行到布楞沟村考察,看着满目荒山,一再叮嘱"要把水引来,把路修通,把新农村建设好,让贫困群众尽早脱贫,过上小康生活"。

布楞沟村巾帼扶贫车间的马热则对当时的情景还记得清清楚楚。那天下午,习近平总书记来到她的家里,坐在自家的土炕头上和她的丈夫马麦志拉家常,嘱咐他要让孩子好好读书,要多养羊,要有脱贫致富的信心。

2013年以前，马热则全家一年的收入只有三五千元。如今，她丈夫马麦志搞起了肉羊养殖，大儿子在外面打工，家中退耕还林的20余亩土地每年能获得补助6000多元，加上马热则自己在扶贫车间上班得来的工资，全家一年至少有四五万元收入。"今儿个，好日子真的来了！"马热则情不自禁地感叹道。

时间过去多年，如今，习近平总书记的嘱托都一一实现了。清澈干净的自来水已经流进布楞沟村的家家户户，几十千米的水泥路像银色的丝带飘落在山腰间。山顶悬崖边上的村民们都享受了易地扶贫搬迁的好政策，住进了宽敞明亮的新房子，孩子们在新建的学校里读书，妇女们在家门口上班，一切都变了个样子。

"我相信，我们今后的生活只会越来越好"，马热则说，感觉幸福生活就像刚出锅的花馃馃，散发出的香味沁入内心深处。

（四）"电商+扶贫车间"——广河县扶贫车间梦工厂

广河县是连接临夏州与省会兰州市的高速路上距离兰州最近的县，由于这一地理位置的优势，广河县近水楼台，在改革开放的大潮中，最先感受到了改革春风的吹拂和创新发展的律动，广河人在改革发展中展示出脑子活络、敢试敢闯、务实上进的优点，在创业致富的路上一直走在前列。自20世纪80年代以来，广河县以经营羊毛、皮革、茶叶等为主的商贸民营经济十分活跃，特别是广河县三甲集镇，已是西部地区大型的羊毛、皮革和茶叶的集散地，声名远播，都说"三甲集不种茶树，却有全国品种最齐全的茶叶；三甲集不是牧区，却有着西北最多的羊毛和皮革"。经过40多年的努力，伴随着商贸业不断发展，以羊毛、皮革粗加工为主的民营企业得到迅速发展。从商贸业到加工业，广河县民营企业的发展壮大不仅为当地税收财政做出了贡献，也为当地群众就业提供了岗位。进入脱贫攻坚后，在民营经济充分发展积累的基础上，广河县借助新型电商营销模式，引导民营企业打造电商扶贫车间，撑起了广河县电商扶贫车间带动贫困群众脱贫的一片新天地。

广河县电商扶贫车间有两种形式，一种叫厂房式扶贫车间，另一种叫居家式扶贫车间。

厂房式扶贫车间，顾名思义就是有固定厂房的电商扶贫车间。为了打造这类扶贫车间，广河县政府提供三种办法和优惠政策：一是利用长期闲置的国有资产（旧厂房等）作为扶贫车间厂房，开办电商扶贫车间，同时对入驻企业免收三年房租；二是通过中央定点帮扶单位和东西部扶贫协作引进企业创办扶贫车间、州内企业创办电商扶贫车间、返乡创业人员领办电商扶贫车间，利用长期闲置的国有资产作为扶贫车间，免收三年房租或免费配置加工设备；三是政府和企业双方出资共建电商扶贫车间，免除入驻企业的租赁费用，组织贫困人口从事产品初加工、来料加工制造等劳动密集型生产。

2017年，广河县把占地108亩的三甲集皮毛物流中心无偿提供给企业使用。目前，西裕工贸、聚鼎工贸、陈俊皮革等5家企业入驻物流中心。每户企业吸纳易地扶贫搬迁到当地的农村贫困户。西裕工贸主要从事皮毛裁制及面料加工，把加工好的产品通过网络销售出去，并施行工厂裁剪、农户分散加工的方法，解决了周边水家村、邓家湾村、上马家村等11个村子200多分散加工户的就业。广河县引进江苏国泰科技有限公司，组织贫困户妇女在扶贫车间主要生产加工华为手机防水USB接口，企业在三个月的实习期内发放保底工资2000元，三个月后实行计件制、多劳多得，工人月平均收入在2500元左右。

阿力麻土乡贾家村鲁晓华说："自从有了扶贫车间，我就在这里工作了，在自家门口打工既能照顾家庭，每月也能收入3000元左右的工资，改善了家庭生活，我们都很高兴。"

除了厂房式扶贫车间外，还有一种居家式扶贫车间。按照"小分散、大集中"的要求，由企业找销路、签订单，制定生产计划，生产任务下达到农户，农户利用闲暇时间，按要求在自己家里分散加工，最后由企业集中包装、统一销售，形成不受限于固定的时间和地点，与农闲对接的居家式电商扶贫车间。这种扶贫车间建在贫困村上，工作任务覆盖到贫困户家中，贫困户不出家门每月就能挣到1500—2000元，实现足不出户就能就业和增收。在县城电商孵化园的3家企业设立电商扶贫加工车间，在9个贫困村带动420多户贫困户从事家庭加工。在中央台办的帮助下，台资企业东裕电器有限公司与广河县甘肃聚鼎工贸有限公司达成协议，进行圣诞灯半成品加工生产。根据产品特性，该产品加工工艺简单，制作流程简易，工人容易上手，可在车间生产也可在家里加工制作。聚鼎工贸经理马刚说："公司充分结合广河县的特点，即妇女不能外出打工的特点，通过居家式扶贫车间的方式，实现足不出户就业和增收，同时，能够解决部分老弱病残的创收，虽然公司只生产了短短半年时间，但取得了很好的效果，得到广大贫困户的认可，较好地带动了贫困户增收及脱贫致富。"

广河县庄禾集镇大庄村建档立卡贫困户马歪谢，丈夫残疾，生活困难。2017年村里成立皮件缝纫加工扶贫车间，马歪谢就到扶贫车间上班，月收入能拿到2000元以上，有了这份稳定收入，她家的日子算是稳当了。她家被列入预脱贫户，应该可按期实现稳定脱贫。

对于在电商扶贫车间工作的贫困户，政府在对电商企业考核后，落实"四不一补"政策，对每个月干满22天的建档立卡户补助400元，非建档立卡户补助200元。通过发放这些补贴，增加贫困户收入，使他们更安心地工作，稳步实现脱贫。

秦晓莉是甘肃西裕工贸公司流水线生产车间里的一名女工，她的岗位是缝制羊皮马甲。在进入扶贫车间之前，她还是位地地道道的家庭主妇。秦晓莉说,她家是从广河县的山区搬迁到三甲集的。在三甲集镇,她通过培训进入公司从事毛皮加工,公司按照计件发放工资,她由于刚来技术还不太熟练,所以现在一个月的收入为1800元,不过和以前在山区没有工作相比,现在已经好了很多,她表示会好好历练技术,争取快点成为一名熟练工,那样的话一月至少能拿到3000—4000元的收入。

与秦晓莉一样,在甘肃西裕工贸公司,还有200多名当地群众在公司创办的扶贫车间从事皮毛加工工作。马中云就是甘肃西裕工贸公司的总经理。政府免费让他使用厂房还免除各项费用,但前提是马中云的扶贫车间必须吸纳当地的村民就业,带动大家一起致富。据马中云介绍,他的扶贫车间可以生产70多款和皮毛有关的产品,如皮毛马甲、皮毛沙发垫等。而为了让好产品有好销路,他们公司开设有7个京东店、4个天猫店,产品主要在网上打开销路,现在一年7000万元的销售额中,有70%是通过网络销售的,特别是江浙一带的消费者非常喜欢他们的产品,这为他们长期稳定生产,带动群众脱贫致富创造了条件。

甘肃广河经济开发区管委会主任、三甲集镇党委书记马良佐表示,广河三甲集群众有着悠久的经商传统,由此积聚了较好的经济基础。"广河县贫困户劳动力年龄大、没有知识、因病因残、贫困户留守妇女和老人较多,为了把有限的扶贫资金用在刀刃上,实现精准脱贫,我们把直接发钱发物变为集中建设扶贫车间,从扶贫车间生产出来的产品再通过网上进行销售,就形成了'电商+扶贫车间'扶贫思路,目前,全县共建成电商扶贫车间9个",马良佐介绍说。

到2019年,广河县电商企业有200余家,从业人员6000多人,入驻电商孵化区企业37家。其中,通过东西部扶贫协作厦门援助和中央台办定点帮扶方式引进企业建设的电商扶贫车间就有22个,经技能培训带动的就业人员有3600多人。另外还有3家企业电商扶贫车间在9个贫困村带动420多户贫困户参与工作。

2019年广河县电子商务线上销售额达到2.02亿元，比2018年增长30.3%。其中，通过电商扶贫车间贫困户的加工销售3500万元，同比增长33%，带动就业1780人，包含建档立卡贫困户600多人。

新时代孕育了新思想和新机遇。广河县厚积薄发，正通过"电商+扶贫车间"的新模式，打造扶贫梦工厂，带领贫困群众奔向小康。

四　金融扶贫加快脱贫步伐

（一）金融为精准扶贫精准脱贫引来活水

金融是社会资金运动的总枢纽，是国民经济的重要调节器，是发展经济、革新技术的重要杠杆。金融扶贫是打赢脱贫攻坚战的关键之举。习近平总书记指出要做好金融扶贫这篇文章，李克强总理要求走出一条有中国特色的金融扶贫之路。《中共中央国务院关于打赢脱贫攻坚战的决定》明确提出金融扶贫20条举措。根据中央决策部署，相关部门行动迅速，发声发力，政策性、开发性、商业性、合作性金融机构共同参与，全力支持精准扶贫，助力贫困群众精准脱贫。

金融扶贫，根本目的在于扶贫脱贫。为此，全国各级政府和金融机构都紧紧围绕农村贫困人口在2020年如期脱贫这个基本目标，贯彻精准扶贫精准脱贫的基本方略，坚持开发式扶贫的基本方针，坚持政策"定向、精准、特惠、创新"的基本原则，做好金融扶贫工作。

定向就是把政策准确定位到有效增加对贫困地区和贫困人口的金融供给上，增加供给总量，完善供给结构，丰富供给产品，便利供给服务，有效满足贫困地区和贫困人口的金融需求，提升金融服务的广泛性、可及性和便利性。

精准就要精准对接贫困人口和贫困地区扶贫规划及脱贫攻坚多元化融资需求，推动贫困地区金融服务到村到户到人，让每一个符合条件的贫困人口都能按需求便捷获得贷款，享受到现代化的金融服务。

特惠就是聚焦特惠采取超常举措，用一套政策组合拳，推动各类金融资源在贫困地区均等化配置，让贫困地区、贫困人口得到更有针对性、更加实惠的政策、产品和服务。

创新就是完善金融服务体制机制，构建政府力量、市场力量、社会力量和群众力量优势互补、协同推进的工作机制，量身定制，创新政策、产品和服务，创新机制、方式和工具，破解金融扶贫的难题。

根据上述基本原则，国务院扶贫办协调和会同人民银行、银监会、证监会、保监会等单位，认真贯彻落实中央决策部署和国务院扶贫开发领导小组工作要求，出台了一系列针对性强、特惠性强、创新性强的金融扶贫政策，主要体现在以下几个方面。

关于银行业扶贫。一是创设扶贫小额信贷，为建档立卡贫困户提供"5万元以下、3年期以内、免担保免抵押、基准利率放贷、财政贴息、县建风险补偿金"的信用贷款。二是设立扶贫再贷款，为地方金融机构注入比支农再贷款更优惠的流动性资金，助其向带动贫困户脱贫的扶贫企业（扶贫合作社等新型经营主体）提供期限优惠（可以展期4次，实际使用期限最长达5年）、利率优惠（不超过央行发布的同期基准利率）的信贷资金支持。三是创设发行扶贫金融债，为地方扶贫开发投融资主体提供易地扶贫搬迁等专项融资支持。

银监部门对银行业金融机构提出明确工作要求：一是出台"四单政策"，即确定专门的扶贫开发金融服务工作部门，对扶贫开发金融服务工作进行单独管理、单独核算、单独调配资源；二是实行银行"包干服务"制度，即按照建档立卡贫困户扶贫小额信贷发放、扶贫项目融资、服务网点布设等情况，建立分片包干责任制，对扶贫小额信贷发放，探索采取由主要责任银行承包扶贫开发项目融资服务、包干一定区域内金融服务机具布设、包干某类贫困人群的特定业务等方式，使金融扶贫的服务主体更加精准，服务责任更加明确；三是实施差异化监管政策，放宽贫困地区机构准入政策，鼓励多种金融服务业态发展，出台有针对性的扶贫开发金融服务监管措施。

关于证券业（资本市场）扶贫。一是支持贫困地区企业利用多层次资本市场融资。二是鼓励上市公司结对帮扶贫困县或贫困村，主动对接建档立卡贫困户，优先录用来自贫困地区的高校毕业生，优先招收建档立卡贫困人口。三是支持和鼓励证券基金、期货经营机构履行社会责任，结对帮扶贫困县，设立或参与市场化运作的贫困地区产业投资基金和扶贫公益基金。四是证券行业各类帮扶主体要与贫困村和建档立卡贫困户紧密衔接，建立带动贫困人口脱贫挂钩机制。五是行业协会将公司参与扶贫工作情况纳入分类评价标准，定期对公司扶贫工作情况进行考评。

关于保险业扶贫。一是精准对接脱贫攻坚多元化的保险需求。通过开发新型保险品种、给予保费补贴、完善保险服务，精准对接贫困地区和贫困群众农业、健康、民生、产业脱贫、教育脱贫等保险服务需求。二是保险公司开发的针对建档立卡贫困人口的农业保险产品，费率可在向监管部门报备费率的基础上下调20%。三是对农村外出务工人员开辟异地理赔绿色通道，构建扶贫保险民生保障网。四是设立中国保险产业扶贫投资基金和中国保险业扶贫公益基金。五是对各地各保险机构脱贫攻坚保险服务工作进展及成效进行评估考核。

临夏州在精准扶贫精准脱贫工作中，重视发挥金融扶贫的作用，会同各类金融机构，贯彻中央关于金融扶贫精神，用好用活各项金融扶贫政策，创新金融扶贫机制，助力贫困地区和贫困户实现脱贫梦想。临夏州政府的创新之举就是，通过成立"村级产业发展互助社"这一新型扶贫模式，将财政资金、社会资金和贫困农户三者利益捆绑在一起，为贫困户发展产业提供资金支持，在金融和贫困户这两个根本就不搭界的实体之间架起一座桥梁，解决了贫困农户贷款发展产业的资金难题。

人民银行临夏州中心支行将产业扶贫作为金融支持脱贫攻坚的重要着力点，制定了金融支持深度贫困地区脱贫攻坚、旅游业、电子商务等发展的信贷政策意见，鼓励和引导金融机构大力支持全州八大特色农业产业发展，充分发挥产业扶贫的"造血"功能。

全州其他各类金融机构注重发挥专业合作社等新型农业经营主体的带动作用，鼓励贫困户通过与新型农业经营主体建立利益联结机制实现增收。到2018年年末，农发行临夏州分行全力推进扶贫过桥贷款，已累计向当地贫困村提升工程、农村交通、生态环境等领域投放贷款5.57亿元，支持改善贫困乡村基础设施建设。邮储银行临夏州分行发放东乡美食担保贷款2250万元，支持东乡餐饮业"走出去"发展；甘肃银行临夏州分行以行政村为单位，探索推广"整村推进"农户贷款，已向961户农户发放贷款1.04亿元；当地农信合作机构在做好"旺畜宝""民贸通"等信贷业务的同时，稳步推广"兴陇合作贷"及"脱贫助力贷"业务，涉农贷款余额达到168.06亿元。

金融扶贫成为临夏精准扶贫、精准脱贫的主要推动力，为贫困群众产业脱贫引来"活水"。

（二）金融扶贫创新让贫困户有了自己的"土银行"

金融是国民经济的血液，国民经济发展离不开金融的支撑。同样，产业扶贫离不开金融的支持。但是，在金融市场，如果按照正常的程序和要件，贫困户满足不了各种金融贷款的条件，是不可能从金融机构贷款创业的，怎么办？临夏州政府一直在考虑办法。他们想到了通过创新模式来解决这一难题。

说起金融创新,临夏并不陌生,且有过一段"敢为天下先""创全国之先例"的辉煌历史。

临夏,曾以茶马古道商品集散地而闻名,著名社会学家费孝通因此而盛赞说:"东有温州,西有河州。"20世纪80年代之初,素以商贸见长的临夏民营经济乘着改革开放的春风逐渐繁荣之时,金融创新也悄然兴起,"1984年6月,临夏有了便民银行,9月间又有了信贷部。一家以融资公司为名,不要利息的银行在临夏成立了。这在全国开了先河"。临夏两家民间金融机构的出现,一石激起千层浪。1987年2月,全国第一家民办股份制金融机构——河州融资公司在临夏诞生,标志着临夏在全国金融改革中先行一步。从此金融与商贸相互助力,促进了临夏民营经济的持续腾飞,这一创新让临夏闻名国内,前来学习取经的省外银行络绎不绝;1987年8月,全国金融机构多样化研讨会在临夏举行。正在青海省考察的费孝通先生,专程来到临夏参加了会议。回顾这段历史,我们不难看到,金融创新与临夏并不陌生,且临夏民营金融公司的成立和运作模式,催生了全国金融体制的改革,可以说,擅长商贸的临夏与创新创业有缘,是践行改革开放精神的先行者。

守正出奇,创新制胜,面对脱贫攻坚中发挥"造血"功能的产业扶贫举措遭遇资金干渴的困境时,"创新"又一次发挥出奇特功效,让扶贫工作事半功倍。

2013年,临夏创造性地推出村级产业发展互助社这一金融扶贫模式,临夏再一次引起省内外关注。

为了实施产业扶贫,创新扶贫手段,临夏州尝试建立贫困农民增收致富的"造血"机制。2013年4月,州委、州政府专门制定出台了相关政策,推出了25条颇具含金量的措施政策,在全州加快培育富民产业。然而,政策虽好,落到实处却遇到了一个最大的问题:培育富民产业,无论是种林果、搞养殖还是做加工，贫困农户都缺乏启动资金。找银行贷款，无抵押、无担保，已经让普通农民贷款无门，贫困户贷款则更是难上加难。

为了解决这一问题，临夏州决策层通过请教专家，借鉴外地经验，决定按照"政策奖补＋资金互助＋临夏籍商人带动＋各类优惠贷款"的模式，建立"村级产业发展互助社"，探索出一条符合临夏实际的金融支持扶贫开发之路。其中，临夏州委、州政府多方筹措资金5亿元，向每个村级产业发展互助社政策奖补50万元，需要启动资金的贫困农户每户注资1000元，动员本地企业家注资5万—49万元，并吸收慈善捐助等其他社会资金作为补充。村级产业发展互助社设"州总社、县分社、乡镇管理站、村级互助社"四级，一级监督一级；贫困农户贷款时，需要1—3户村民联保，3天放款，使用期最高1年，每年支付借款总额的6%作为资金占用费。

这一模式的建立，是一种创新，其最终的目的就是为正常情况下银行不愿意贷款且被市场排除在外的贫困农户，建立一个金融的"场外市场"，为他们脱贫致富提供启动资金"种子"。

村级产业发展互助社"很接地气"，使当地贫困农户贷款难和产业发展资金不足的问题得到了初步解决。截至2014年年底，村级产业发展互助社覆盖了全州974个行政村，占1060个应建村的92%，乡镇管理站117个，占比100%。共筹集资金8.51亿元，其中政府注资4.99亿元，企业跟进1.98亿元，群众入资1.54亿元。借款7.6亿元，惠及农户近9.83万户，还款率达到95%以上。

村级产业发展互助社运行刚开始时贫困户"不敢借"，后来变成了"试着借"，现在又变成了"大胆借"；借款额度当初最高只有5000元，后来变成了1万元，现在又增加到了2万—3万元。

有人说这是农民的"土银行"，也有人说还要在"土银行"

前加上"政策性"三个字，因为这是让穷人走进金融市场的"土银行"。

目前，全州精准扶贫中，绝大部分建档立卡贫困村建立了互助社，已有大部分建档立卡贫困户得到了互助社的扶持。

临夏县井沟乡农民李占奎身有残疾，一直在家务农，他自己感叹说："我是种庄稼的好手，我种的庄稼比别人的好，但我还想发展养殖业，光有想法没办法。2015年年初，我从村级产业发展互助社借到了1万元，添了8只羊，扩大了养殖规模。如今我的羊存栏26只，在春节前把12只羯羊喂肥后出售，估计能卖1.5万元。虽然今年市场上羊肉价格不好，但我还是能赚点钱。"

和政县新营乡农民王尕玉长期与甘南藏族农民打交道，2014年年初，夏河县曲奥乡牧民尕囊老对他说："假如你明天能拿来1万块钱，我就让你从我的羊群里挑10只羊，还白送你2只……"尕囊老怎么也没想到，第二天清晨，王尕玉就拿着崭新的1万元现金来到他的面前。原来，王尕玉加入了村里的村级产业发展互助社，仅仅用了短短几个小时的时间就拿到了1万元借款。王尕玉说："当初的1万元钱，现在变成3万多元了。"

像这样的事情在全州974个村普遍存在。村级产业发展互助社给贫困农民助了一臂之力，成了精准扶贫的前奏曲。

村级产业发展互助社的建立运行，有效解决了当前农村贷款门槛高、手续繁琐、抵押担保条件多，农民发展生产、自主创业资金短缺等问题，为农民提供了灵活、方便、快捷的金融服务，得到扶持的10万多农户将7.6亿元互助社资金投入到畜牧养殖、蔬菜花卉、特色种植、苗木培育、贩运加工、布鞋生产、制香加工、餐饮服务、外出务工等方面，壮大了富民增收产业，增加了农民收入，有效提升了发展能力，夯实了发展后劲，更加坚定了脱贫致富奔小康的信心和决心。

（三）金融扶贫助力贫困户养殖业大发展

　　临夏州在精准扶贫精准脱贫中重视金融的作用，通过各种渠道，运用各种金融产品，想方设法帮助贫困户解决创业中的资金困难，为产业脱贫做好金融支持。

　　在临夏州的大部分地区，流行着"无牛羊不成家"的习俗，牛羊养殖是历史悠久的传统产业。然而，受到资金、观念、技术等因素的影响，养殖业却一直处于散、小、弱的状态。

　　中国农业银行（以下简称"农行"）临夏州分行充分挖掘当地资源潜力，聚焦产业带动脱贫，不断增强贫困农户脱贫"造血"能力，助推农户加快奔小康的步伐。2016年以来，农行累计发放扶贫贷款达169亿元。"按照'一村一品一县一业'的发展思路，（我们）重点扶持布楞沟村的肉羊养殖业"，农行东乡县支行行长马红玉说。马达吾德是布楞沟村的肉羊养殖业专业户，在政府的大力支持和"东乡手抓羊肉品牌计划"帮助下，他联合村民成立了合作社，合作社有25亩地，有办公区、养殖区和加工操作区，养殖规模达到3000只。2016年，农行临夏分行为马达吾德发放惠农贷款100万元。由于肉羊的销售渠道畅通，收益良好，通过分红、技术指导和采购销售等形式，马达吾德的肉羊合作社带动全村18户贫困户实现了脱贫致富。2019年农行临夏分行又支持合作社发展，发放"陇原农担贷"农户贷款100万元予以支持。

　　"这两年，有了农行的支持，合作社的羊是越来越多了，销路也越来越好了，老乡们的日子越过越好，大家心里面甭提有多高兴了"，马达吾德激动地说。

　　与马达吾德同村的农户马建英也是养羊专业户，2019年年初农行东乡县支行为马建英发放"陇原农担贷"40万元，现在他家的羊棚已有4座，养殖规模达600余只，不光自己脱了贫，还带动村里更多的贫困农户发展起致富产业。

"有了这么多的羊,我们一家现在吃、穿都不愁,日子一天比一天好,这都得感谢党的好政策和农行的支持",马建英乐呵呵地说。

2020年,为全力支持打赢打好脱贫攻坚战的目标,农行临夏分行加大深度贫困地区金融扶贫工作力度,坚持"输血"和"造血"相结合,因地制宜推出"富民产业贷""创业贷款""小微企业流动资金贷款"等金融扶贫新举措,送贷款下乡到村,激活当地群众脱贫致富的内生动力。银行工作人员和乡镇干部组成贷款发放摸底核查小组,走家串户,调查走访,对脱贫意愿强烈、有养殖基础、征信良好的农户,在明确资金用途、降低担保联保和房产土地抵押门槛、简化48项客户信息识别内容的基础上,由乡镇、驻村干部和银行共同审核,现场办理享受政府贴息、贷款额度10万元以下、还款周期3年的牛羊养殖"富民产业贷款"。这一举措既解了养殖户的资金之困,又送"贷"上门,现场办理,方便了养殖农户。

东乡县柳树乡仲家山村村民马尕克说:"以前我们贷款要自己跑到银行去,办理手续不方便,现在银行的来我们家办理,这个贷款我贷上,买几头牛,要靠养牛来发展。"

根据柳树乡仲家山村包村工作组组长马克刚说:"群众贷款的意愿非常强烈,现在正是脱贫攻坚的关键时候,这批贷款真正地像及时雨,可以让我们的群众受益更多。就像一年贷上10万元,一年能养上五六头牛,一头牛就可以收入8000—9000元钱,一年下来也就可以脱贫了。"

农行东乡县支行行长马红玉介绍说:"东乡县的老百姓牛羊养殖的基础比较好,是传统行业,我们结合这个实际情况,紧紧围绕县委、县政府的主导产业,推出了'富民产业贷',首批审批争取到了1.8亿元的授信,我们把服务窗口下沉到了乡村上门服务,第一时间把这些资金送到群众手中,发挥效益,为群众的稳步脱贫贡献力量。"

东乡县尕东家坡农民专业合作社负责人马麦得说："我们今年继续扩大养殖规模，计划今年再贷上个200万—300万元，加上以前贷着的200万元，总计贷上500万元，养殖场里增加200多头牛，总共养个500多头。"

农业银行临夏分行积极发挥金融扶贫国家队、主力军作用，紧紧围绕临夏州牛羊养殖、农产品加工、开办牛肉拉面馆等餐饮特色产业发展需求，推出17个富民产业贷款项目。同时，不断完善金融服务模式，通过简化审批手续、放宽授信权限、开辟绿色通道等多项优惠政策，着力解决贫困地区群众和小微企业融资难、融资贵问题。

中国邮政储蓄银行临夏分行自脱贫攻坚工作开展以来，制定了关于助力打赢脱贫攻坚战三年行动的指导意见、行动方案及"三区三州"专项扶贫再贷款实施方案，围绕"精准扶贫、精准脱贫"基本方略，明确"一把手"作为金融扶贫工作的第一责任人，用好用足专项扶贫再贷款政策，各项贷款均执行优惠利率，其中：建档立卡户申请贷款、产业精准扶贫贷款执行基准利率，其他个人精准扶贫贷款、项目精准扶贫贷款在原利率基础上下降50个基点。截至2020年3月，已在全州投放金融扶贫各项贷款4.89亿元。

与此同时，紧紧围绕地方特色农业、政府重点扶持产业，聚焦全州深度贫困县，加大对建档立卡户、扶贫产业项目、贫困村提升工程等重点领域的贷款支持力度。比如，对贫困地区返乡创业农民工、创业妇女、大学生等群体发放创业担保贷款，近三年累计发放4.37亿元，仅2019年一年就发放1.16亿元，支持全州1.7万人创业就业致富；支持当地优势特色行业发展，就"东乡美食担保贷款"同东乡县人民政府、东乡县餐饮劳务办、东乡县创业贷款担保中心签署了合作协议，截至2019年年末，累计发放"东乡美食"产业发展专项贷款2250万元，已累计为"东乡美食"产业注入2亿多元资金支持，有效解决了当地群众因底子弱无法筹集前期周转资金的问题，推动了东乡县美食产业启动和发展；对企业员工中有贫困户或与贫困户签订贸易合同的小企业给予信贷支持，累计发放小企业产业扶贫贷款1.24亿元。

人民银行临夏州中心支行与东乡县果园乡娄子村对接开展扶贫工作。截至2018年，娄子村仍有贫困户42户153人，贫困户占比12.5%，脱贫和巩固脱贫成果难度极大。2019年，人民银行临夏州中心支行与当地农村信用社协调，在调查摸底的基础上，为47户有养殖意愿且有一定养殖基础的贫困户，以较低利率发放贷款94万元，户均贷款2万元。得到贷款资金后，47户贫困户羊养殖规模从以往的235只增加到现在的1229只，预计增收44.24万元，户均预计增收9413元。贫困户王学良是养羊户，在人民银行的协调帮助下，他从当地信用社贷了款，扩大了养殖规模。

"多亏人行帮忙，信用社给贷了2万元，买了23只羊，前两天行情不错，我卖掉了11只，净赚了1400元。我算了一下，到年底，我把羊育肥了卖掉，赚1万元不成问题"，王学良兴奋地算着他家的收入账。

产业是脱贫增收的基础，金融为产业发展引来资金的"活水"。有了金融扶贫的帮助，有致富意愿且勤劳肯干的贫困户再也不用为"锅中无米"而发愁了。

（四）创业贷款助力贫困群众创业致富

脱贫离不开产业发展，产业发展离不开金融的支持。多年来，缺少资金、贷款难等问题一直牵绊着农村发展和农民增收致富的步伐，成为脱贫致富路上的绊脚石。

为了让更多有创业意愿的农村群众得到资金支持，临夏州委、州政府针对经济社会发展短板，与临夏州各类金融机构协调，探索适合农民生产生活发展的创业担保贷款政策，深度对接乡村振兴重点领域和薄弱环节的产业项目资金需求，推动信贷资金"下乡"，打通金融服务农村的"最后一公里"，为金融扶贫、产业脱贫提供源源不断的金融"活水"。

懂金融、用金融，这是当下脱贫攻坚对领导干部的新要求。因为只有领导干部学会金融，才可以更好地服务于贫困群众，在金融扶贫与产业之间当好引导员，架起沟通的桥梁。2020年2月21日，临夏州举办了全州领导干部金融债券知识培训，对全州主要领导干部进行金融知识的培训，提高各级干部懂金融、用金融的能力，州委书记郭鹤立要求全州干部要抢抓近期中央、省级统筹疫情防控和经济社会发展的一系列政策机遇，迅速掀起各级干部学金融、用金融的高潮，补齐短板弱项，提升能力水平，全力以赴促发展、助脱贫、奔小康。

临夏州各县市瞄准产业发展计划，主动解决产业发展中的贷款融资困难，创新模式，推动金融扶贫，取得良好效果。

临夏县坚持政策引领，动脑子，搞创新，敢试敢闯，推出"金融+保险"扶贫模式，即按照"依托金融创新推动产业发展、依靠产业发展带动贫困群众增收"的基本思路，鼓励金融机构扩大创业担保小额贷款范围，对农村群众发展牛、羊、菜、果、薯、药、牛肉拉面、布鞋八大产业及小庭院、小家禽、小手工、小买卖、小作坊等"短平快"的"五小产业"等增收产业，全面落实创业担保贷款政策，解决群众贷款难的问题，帮助群众更好更快实现增产创收、脱贫致富目标。为了更好实施金融扶贫模式，临夏县从以下三个方面着手。

一是建立和推行"农户风险共担、政府风险补偿、联保监督反担保、诚信体系建设"四项机制，健全防范致贫返贫及资金运行风险的防控网络，丰富担保模式，使金融资金助力充分发挥出脱贫攻坚的作用。这样一来，银行放贷的风险顾虑消除了，群众创业贷款的积极性被激发了。

2019年年末，临夏县组织干部到宁夏盐池县学习金融扶贫经验，同时，结合本县实际，借鉴其他发达地区经验，创新了担保模式和平台。

徐莲莲是先锋乡的农民，2020年在帮扶干部帮助下，她贷到了10万元。"我贷10万元，由帮扶干部做的担保"，徐莲莲说。原来，帮扶干部知道徐莲莲这两年种植高原夏菜每年收入很可观，2020年她想扩大种植规模，所以愿意做担保。临夏县的帮扶干部一年四季在村上，干部们都很清楚农民的需求，所以为农户担保贷款的现象比较普遍。

"我贷15万元，用我家的18亩土地做担保"，南塬乡的陈东花说。原来，在临夏县，土地经营承包权可以做贷款抵押，所以许多农民贷款不愁"抵押"。县自然资源局给农民落实《临夏县农村土地承包经营权抵押登记证》。

在担保形式上，还有房产、村级合作社等极简极方便的担保形式。土桥镇农民王世国等说，现在想贷款就跟到商店里买东西那么方便，"我们按照驻村干部的指点，一天时间就把贷款手续提交完了"。临夏县按照"应贷尽贷"的原则，全面展开贷款业务。

二是增强金融意识，树立金融信用，建立金融机构愿意放贷与创业群众愿意借贷的氛围。县上特别注重各级领导干部树立现代金融意识，不断提升运用金融政策、服务经济社会发展的能力与水平。同时，注重引导群众增强利用金融发展创业的意识，引导群众树立按时还款的金融诚信意识。2019年，在广大帮扶干部的积极帮助下，近10亿元的扶贫贷款按照还款时限全部还清，农户再次进行了续贷。"临夏县干部懂金融，临夏县农民讲信用"成了州内农村信用社、农商银行、邮储银行等金融部门工作人员交口称赞的话语。州内多家银行负责人表态——临夏县农民需要多少创业贷款，我们都愿意接受。

三是为了推进创业担保贷款工作,临夏县干部多迈出一步,让驻村工作队和帮扶干部当起"中间人",入户调研、摸清群众创业资金需求,与金融部门衔接,替群众争取支持,解决群众发展种植、养殖业资金不足的短板。仅2020年2月26日一天,新集镇农村信用联社一家金融单位就为当地38户群众发放了296万元的创业贷款,有效解决了群众产业发展和增收致富的资金需求。

张玉芳是临夏县新集镇的农民养殖户,多年来,由于资金不足,无法扩大养殖规模,这成了她进一步发展产业的一大难题。2020年2月26日,经过县里干部的协调,她在临夏县新集镇农村信用联社拿到了10万元的创业担保贷款。"今天我领到了10万元的创业贷款,为我家扩大养殖规模、增加经济收入注入了一股活水",张玉芳高兴地说。

在临夏县,像张玉芳一样得到政府和金融部门携手扶持的群众不在少数。赵山村的石长录从信用联社申请到了7万元的创业贷款发展养殖。他家养的羊从最初的4只发展到15只。随着养羊规模的扩大,石长录整个人忙得不亦乐乎,但是想到收入会大大增加,想到未来日子会更好,他的精神面貌都发生了变化。

石长录详细算了一笔账,他说:"我从事养殖虽然只有一年时间,资金短缺一直制约着我扩大规模的想法。有了创业贷款,我的后顾之忧一下就解决了,未来我会继续扩大规模,通过发展养殖,过上更幸福、更富裕的生活……"

张玉芳和石长录拿到的创业贷款,是临夏县推行的"金融+保险"扶贫模式、推动就业创业工作的一个缩影。

漫路乡张家湾村绿源鑫种植养殖农民专业合作社的负责人杜六斤也成为贷款队伍中的一员,他准备办理创业贷款,用于扩大合作社的养殖规模。"这次我个人申请贷款50万元,社员申请300多万元,现在我们的羊存栏量500多只,牛存栏量100

多头，发展到2021年，我们打算羊的数量达到2000多只，牛达到300多头，现在吸纳进来的社员20多户，到明年的话，我们希望能够吸纳更多的社员进来，实现共同致富"，杜六斤信心满满地说。

金融机构主动服务，积极推动金融扶贫各项举措落实落地。

新集镇信用联社主任苗祥若说："我们进一步用足用好普惠金融创业担保贷款政策，在调查入户的基础上，应贷尽贷，对符合创业担保贷款政策规定条件的个人和小微企业提供贷款，并通过普惠金融发展专项资金给予贴息，'零距离'服务，变'跑贷''人情贷'为'送贷上门'，实现了群众'最多跑一次'，让信贷服务驶入'快车道'。"

在新集镇开饭馆的李伟伟说："我万万没想到，只跑了一趟信用联社就拿到了贷款，而且手续也没有那么烦琐，没想到创业贷款这么方便。"他从到信用联社网点办理银行卡、签合同，到把贷款拿到手，用了不足2个小时的时间。

在政府引导下，临夏县全县各金融机构主动行动起来，按照"以点带面、逐步推进"的方式，组织有意愿贷款的群众进行集中签约，做到了所需资料一次性告知，提交资料一次性核实，极大地提高了工作效率。

据统计，2020年县农业银行、邮政储蓄银行、甘肃银行、县信用联社四家银行，计划发放创业贷款达20亿元。截至2月25日，全县25个乡镇已上报有贷款需求的户数37278户（建档立卡户为12454户），所需资金443776.5万元（建档立卡户所需111667.5万元），银行现已审核6605户、资金73177万元，发放到户852户、资金8694万元，审核放贷工作正在进一步加快中。

激发发展愿望，提供贷款平台，帮助消除发展顾虑，临夏县群众"我要贷款，我要创业致富"的呼声格外强烈，20多万农民都想贷款创业，如今，在金融扶贫的帮助下，各类特色产业孕育和成长，显示出勃勃生机。

五 劳务输出
——农村贫困劳动力快速脱贫的新途径

（一）劳务输出——快速见效的脱贫方式

就业是民生之本。对有劳动能力和就业愿望的贫困人口来说，推进农村贫困劳动力转移就业是最直接、最现实、最重要的脱贫手段，是实现当期脱贫与长期发展相结合的重要途径和现实抓手。

"就业一人，脱贫一户。"自国家打响扶贫攻坚战以来，劳务输出在精准脱贫中成效显著。从湖南、四川、甘肃等集中连片深度贫困地区扶贫的实际看，短期脱贫靠打工，中期脱贫靠产业，长期脱贫靠教育。①

自20世纪80年代开始，我国劳动力在城乡间、区域间、产业间和部门间的流动规模不断扩大，农民工总量由2006年的1.3亿人②，增加到2019年的2.9亿人③。这一大规模的劳动力流动除实现了劳动力及其附载要素在空间与区域上的有效配置

---

① 杨志明：《劳务输出脱贫从输体力转向输智力》，《人民政协报》2017年9月28日第3版。

② 樊士德：《以劳务输出推动精准扶贫》，《光明日报》2017年6月23日第11版。

③ 《2019年我国农民工总量达到29077万人》，新华网，http://www.xinhuanet.com/2020-04/30/c_1125930098.htm，2020年4月30日。

之外，也为中国贫困的缓解与消除做出了积极贡献。据统计，中国农村贫困人口从2012年年底的9899万人减到2019年年底的551万人，贫困发生率由10.2%降至0.6%，连续7年每年减贫1000万人以上。在这一过程中，中央政府在劳务输出上的顶层设计和政策安排以及地方政府的具体组织功不可没。

2015年《中共中央国务院关于打赢脱贫攻坚战的决定》明确把"劳务输出"写入文件，提出要引导劳务输出脱贫，通过加大劳务输出培训投入、开展职业技能培训、建立培训基地和就业服务平台、支持跨省就业等途径，支持引导贫困地区贫困人口实现就业，尽快脱贫。

劳务输出对于脱贫意义重大。一方面，劳务输出使得贫困地区农村劳动力资源得到合理有效的重新配置，尤其是易地扶贫搬迁后贫困户富裕青壮年劳动力就业问题等可以得到疏解，从而对于优化农村劳动力结构，提高农村劳动生产率具有积极意义；另一方面，贫困户劳务输出所获得收入寄回家里，直接提高了贫困户家庭收入，可以改善生活质量，帮助脱贫。同时，贫困地区农民外出务工，极大地缓解了日益加剧的人口与耕地的矛盾，提高人均耕地数量，提高了农业劳动生产率。再者，劳务输出还可以使因主要劳力输出而无力耕种的一部分闲置土地集中起来，实现流转，集中经营，有利于解决土地规模经营和耕地撂荒等问题，不仅为集约经营、规模经营、推动农业产业化创造了条件，而且还有利于促进现代化农业机械的应用和农业先进实用技术的推广，不断提高农业现代化的水平，增强农业整体竞争力，促进了农村产业结构的调整，有力地推动了农业产业化和市场化进程。

临夏州八县市均为六盘山集中连片特困地区扶贫开发重点县，在当地流传着这样一句话："输送一人，脱贫一户，输送一户，带动一片。"根据2017年临夏州劳务收入抽样调查报告显示：一年里，贫困家庭中只要有一个劳动力在外稳定就业半年以上,该家庭就能基本上实现脱贫。临夏州委、州政府结合全州人力资源相对富余的优势,将劳务产业与旅游产业、食品和民族用品生产加工产业并列,确定为全州三大"百亿元产业",全方位帮助百姓稳定脱贫增收。临夏州政府先后出台加强劳务输转工作的意见、实施转移就业工程和加强有组织劳务输转工作的意见、城乡劳动力职业培训转移就业"5520"星火工程实施方案、加快富民产业培育促进城乡居民收入倍增若干政策规定、劳务产业发展"十三五"规划和到2020年实现劳务收入突破100亿元目标的实施方案等一系列文件,狠抓劳务技能培训、劳务基地建设、转移就业、服务管理等工作,全州劳务输出规模保持稳定,劳务收入稳步增长,劳务产业发展呈现稳中有进、健康有序的良好态势,在加快脱贫攻坚、促进就业创业、推进人口城镇化过程中发挥了重要作用。临夏州的典型做法有以下几个。

第一,积极开展劳动技能培训。一是与教育培训机构签约下"订单",为贫困群众开展培训。如临夏州与兰州东方技校、江苏南通工贸技工学校等培训机构签订培训就业协议,由培训学校常年在临夏州招生培训。积石山县、康乐县职校与州外的职校联合开展"州内"培训1年、"州外"培训1年的"1+1"培训活动,把培训与实训相结合,促进资源整合与共享,培训内容涵盖数控机床、电子电工、烹饪、家政服务等领域。二是根据市场需求设计培训项目,促进就业。根据市场需求,有针对性地开展了缝纫裁剪、汽车驾驶、美容美发、电焊等市场就业率高的工种培训工作。广河县牛肉拉面培训,东乡县汽车驾驶与维修培训,和政县缝纫裁剪培训,永靖县电焊、电工培训,临夏县农机驾驶、服装裁剪培训,积石山县汽车驾驶、电动缝纫技工培训等,这些工种在市场上有需求,参训人员多,就业有保障,深受群众欢迎。三是整合教育资源,开展特色培训。依托州内大中专学校的师资力量和培训设施,开展服装加工、外经贸阿拉伯语翻译、电子电工、电商营销等培训，提升城乡贫困劳动力就业能力。在培训基地建设中，还将州农校、民族干部学校、临夏卫校整合为"临夏州职业技术学院"，集中资源，开展复合型、实用型、高技能培训。

第二，组织劳务输转。一是鼓励"能人"创业带动就业。鼓励扶持有实力的劳动者回乡创业，依托经济园区、村级产业互助社带动就业。2017年以来在6个经济园区中，回乡创业人员申办企业620多家，974个村级产业互助社中跟进企业2187家。全州累计回乡创业人员达到1.23万人，辐射带动近6万人就地就业。永靖县回乡创业人员王永平，创办甘肃金发集团，为家乡群众提供了3000多个就业岗位。二是组织劳动力外出务工，带动贫困人口就业。全州每年组织输送4万多名劳动力到新疆、青海等地的劳务基地，从事摘棉及各类果蔬品的采摘等季节性务工。积石山县向新疆、青海及兰州等地建筑市场，组织输送建筑工1万多人。东乡县组织2500户农户到张掖、酒泉等地，跨地域从事规模养殖业，养羊规模达6万多只。三是建设劳务品牌，带动贫困人口就业。借助甘肃省劳务品牌培训项目，到2017年，累计对2.24万名贫困劳动力开展了以牛肉拉面、建筑装饰、电焊、计算机操作等专业为主的技能培训。临夏县尹集镇涧上村有624户农户，从事牛肉拉面行业的就有500多户，家家户户实现脱贫致富。目前，临夏人在全国各地开办的牛肉拉面馆有近8000家，带动近3万人就业。

第三，全力做好劳务输转的服务保障工作。一是开展劳务信息进万家活动。为农民工发放有省州县市劳务机构、驻外劳务联络站办事处负责人名单、联系电话信息卡和务工者姓名、年龄、文化程度、参加培训及进城就业常识等内容的务工证，提供就业咨询和维权服务。二是围绕机制保障，制定一系列优惠政策和激励措施。对组织输转人员免费提供交通费，对完成组织输转任务的单位及劳务中介组织和劳务带头人进行奖励，营造了全域联动发展劳务经济的良好氛围。三是临夏州积极开辟劳务基地。先后与13个省市及相关企业签订劳务合作协议，建立各类劳务基地45个，其中万人以上规模劳务基地2个，千人以上规模劳务基地12个，累计带动就业人员8万多人。目前，福建厦门、福州、泉州、连江，江苏南通、苏州，广州，北京等地的劳务基地已成为临夏州人力资源输转的重要出口。临夏州还精心实施转移就业工程，积极实施大中专毕业生和"两后生"转移就业工程，先后建立了以苏州及周边地区为主的长三角转移就业基地和以深圳、东莞、佛山为重点的珠三角转移就业基地，走出了一条政府引导、社会参与、市场运作、自我管理的转移就业路子。2010—2017年，临夏州向东南沿海地区转移就业人员累计7.12万人次，其中高校毕业生8072人次，月平均工资在4000元以上。

劳务输转作为扶贫的一项重要方式，给临夏州带来了实实在在的好处。2019年全州输转劳动力51.28万人（其中建档立卡贫困劳动力2.48万人），实现劳务收入100.2亿元、人均达1.95万元。劳务输出给临夏州脱贫带来了巨大收获，成为许多贫困劳动力实现快速脱贫致富的重要途径。

（二）离开临夏走厦门　辛勤劳动换来幸福生活

2010年，国家确定厦门市与临夏州结对，开展东西部扶贫协作工作。自此，厦门市与临夏州遥相呼应、对口帮扶，携手向深度贫困堡垒发起总攻，确保临夏州各族群众与全国人民一道迈入全面小康社会。党的十八大以来，在党中央、国务院的坚强领导和亲切关怀下，在甘闽两省党委政府的推动下，厦门市与临夏州把东西部扶贫协作作为一项重大政治任务，共同商议、携手推进，广大干部群众积极参与、密切配合。2014年至

2019年年末，厦门市累计向临夏州拨付财政援助资金达13.19亿元，两地互派专业技术人才1989人，临夏州向厦门市输转贫困劳动力6833人，一系列帮扶措施稳步实施，有力推进了临夏州脱贫攻坚进程，使临夏州在基础设施、产业、教育、健康、就业、住房安全保障等多方面有了明显改善。

临夏市枹罕镇王坪村是临夏市唯一的山区贫困村，平均海拔2130米。由于人均土地面积不足0.3亩，当地产业带动能力有限，因而使大量农村适龄青年为找到合适的工作而发愁。为了让大多数像王坪村的青年们一样的年轻后生们找到营生，临夏市将劳务经济作为助民脱贫增收的重要抓手，将劳务输出作为农民脱贫致富的主要路径，通过政府牵线搭桥，以劳务输转助力脱贫致富。

临夏市枹罕镇王坪村62岁的张二喜一家就是因为劳务输出而获得好处的贫困家庭。因为家里孩子参与劳务输出，外出打工挣钱，改善了家里的生活条件，以前的土坯房改建成了如今钢筋水泥的小二楼，十多间房子足够居住，水泥硬化的庭院既方便出行和收拾打理，又可以用来晾晒小麦玉米，非常方便。

"这些年孩子们在外打工挣了钱，不仅生活水平提高了，还改善了居住环境，在政府组织下，自己的女婿还去了厦门务工，有了稳定收入"，张二喜老人高兴地说。

与张二喜一样，因劳务输出而致富的还有王坪村2017年建档立卡的贫困户张居儿。在此之前，他和媳妇加上两个孩子生活在村子里，虽然生活不算富裕，但也算不上贫困，但自从张居儿患了肝脏上的疾病后，家庭出现了因病致贫的情况。可喜的是，张居儿的小儿子参加劳务输出，成为临夏劳务输出到厦门的一员，由于勤奋、踏实、能干，小儿子刚到厦门工作不久，就在岗位上评上了"先进"，一个月工资从起初的2000多元达到4000元左右。

据王坪村驻村干部马兴文介绍说，实施精准扶贫、精准脱贫以来，临夏州、厦门市人社部门结成了对口帮扶单位，启动了临夏青年劳力输入厦门的工程，临夏年轻人赴厦门务工不仅每月有工资，还有500元补助，里外里都有收入，确实为贫困户脱贫带来巨大的帮助。对口帮扶中的劳务输出正成为临夏市脱贫致富的新路子。与临夏市枹罕镇王坪村结成帮扶对子的是厦门市思明区中华街道，张居儿的小儿子的工作就是在中华街道的帮助下找到的，第一批前往务工的王坪村青年来自18户人家共29人，他们从事体育器材、安全帽等轻工业的生产，活儿不累，大家的工资从2641元到4262元不等，往日在家没有营生的年轻人现在都有了稳定的工作和收入，还能在工作之余开阔眼界、增长才干，即便以后再回乡创业，这段经历也是一段重要的锻炼和宝贵的精神财富。

据临夏市枹罕镇分管扶贫工作的镇党委副书记郭强介绍，枹罕镇人多地少，脱贫攻坚的最大难题是产业少，就地吸纳劳动力就业的能力不强。因此，劳务输出成为当地贫困农民脱贫增收的主要路径。

（三）技能培训与素质提升为贫困群众插上就业脱贫的翅膀

临夏州作为中国西部典型的少数民族贫困地区，人口多、耕地少、没有工业资源、人口素质低，特别是大多数农村贫困人口见识少眼界窄，劳动技能欠缺，因而不敢走出村子到更远的城镇寻求就业机会，即使有招工机会也因为文化素质和技能等问题眼巴巴看着机会从身边溜走。为了改变这一现状，帮助贫困群众增长技能，提高文化素质，临夏州将就业培训纳入扶贫工作的重中之重，为贫困群众就业脱贫提供帮助。2018年临夏州颁布了《临夏州脱贫攻坚就业扶贫三年行动计划》，计划在2018—2020年，全州开展精准扶贫劳动力培训7.26万人，其中培训建档立卡贫困劳动力4.42万人，建档立卡贫困户中有输转意愿的劳动力实现应输尽输。针对全州建档立卡贫困户，临夏州开发了1.29万个乡村公益性岗位，800个大中专贫困毕业生就业扶贫专岗；开展贫困"两后生"培训输转1050人。通过乡村公益性岗位、就业扶贫专岗、劳务输转等就业扶贫方式取得的工资性收入，支撑和带动10.31万以上贫困人口的收入达到现行脱贫标准下的收入水平。

全州各县市人社部门通过临夏现代职业学院、各县市职校、各类培训机构、省内对口帮扶的技工院校及部分用工企业，组织4万多名建档立卡贫困户劳动力开展各类培训，内容包括电工、电焊、汽修、装挖机、牛肉拉面、家政服务、种养殖技术、商贸旅游等工种，并通过组织输转、中介输转、公岗开发、"扶贫车间"吸纳等方式，帮助培训人员实现输转就业。全州各县市人社部门以建档立卡贫困户和贫困人口为重点，把贫困户中有培训需求或输转意愿的劳动力作为主要对象，实施"一户一策"，做到"应培尽培，能培尽培，不落一户，不落一人"，实现有培训需求和输转意愿的建档立卡贫困劳动力培训、输转全覆盖。贫困群众通过培训，掌握了一项技能，练就了一副本领，出门挣钱就多了一份底气和自信，多了一些门路和机会，也加快了他们脱贫致富的步伐。

临夏县是人口大县，也是贫困大县，人多地少且没有工业资源的现实条件无疑增加了县里贫困群众脱贫的难度，为此，临夏县把提高贫困群众劳动技能作为主要任务，组织贫困群众开展各类技能培训，增加他们的就业技能。

38岁的马哈来地是建档立卡贫困户，家中有6口人，父亲瘫痪在床，两个孩子都在上学，以种地和周边打零工来维持生活，由于没有一技之长，务工收入低，工作也不好找。最近他参加了县里组织的挖掘机技术培训，感触很深。"前段时间村里说要培训挖掘机技术，看到前几批培训人员都找到了好工作，每月收入在四五千元左右,我也就报名参加了培训",马哈来地高兴地说,"经过15天的培训,已基本掌握挖掘机日常操作,现在快结业了,以后有技术在身,就不用担心工作不好找了"。

18岁的薄言亮也是培训学员之一,本来在职业技校学习汽修技术,趁着不上课的时间,他也过来参加挖掘机培训。"只要不是上课时间,随时都可以过来,挖掘机技术培训和我的专业挂钩,能多学一门技术也很好",薄言亮说。

像这样的挖掘机技术培训,一般为期20天,主要针对各乡镇17—49岁有培训意愿的人群。培训结束后进行考试,考试合格就发放装挖机培训结业证书及操作证。到2019年9月,临夏县共组织装挖机技术培训30期,先后培训1300余人。

"现有10台挖掘机、1台装载机供学员操作学习,培训全部免费,贫困户每天还有30元补贴",临夏县劳务办培训股股长王玉国说。培训结束后,将由县里协调周边建筑企业举办招聘会,进行劳务输出,一般情况下60%的培训人员能够实现周边就业。

除了开展技能培训,临夏州人社部门用足用好东西扶贫协作的政策,积极与协作城市和东部地区企业合作,通过开展技能培训、推荐就业岗位及合作创办扶贫车间等方式,帮助贫困群众实现就业脱贫。

兰州拉面是享誉世界的甘肃美食,而做拉面却是一项技术活。临夏雄临职业技能培训学校与北京沃利德餐饮管理有限公司合作,共同为来自建档立卡贫困户的学员们开展拉面制作的技能培训。"我们与雄临签订双向就业协议,经雄临培训的专业牛肉面技能人才,可直接输送到沃利德牛肉面的各个分店。对于想创业的,我们也提供技术支持",北京沃利德餐饮管理有限公司董事长蓝正道说。

按照雄临职业技能培训学校负责人多年的调查和研究,一个小型拉面馆基本能带动贫困家庭三四个人就业,一年的净利润在10万元到20万元左右。多年来,从雄临职业技能培训学校接受培训后外出打工或开饭馆的贫困学员不在少数,而在全州各县市,像雄临职业技能培训学校这样受政府人社部门委托、为贫困群众开展免费技能培训的学校也有好几家。

"我参加了县人社局组织的拉面培训班之后,就去了浙江杭州开拉面馆,一年收入20万元左右。"家住积石山县乩藏镇麻坝村的马玉涛就是其中一个典型,自从学了拉面技术到外面打工,再经过努力打拼,马玉涛有了自己的拉面馆,一路走来辛苦不必说,但正是经过培训掌握了技术,才有了今天的成功。现在,马玉涛不光脱贫了,日子过得也很宽裕,一双儿女也能安心地接受教育。"她们的未来一定会更好",马玉涛感慨地说。

在临夏州的"拉面大县"——临夏县,"拉面经济"也成为全县转移就业的响亮名片。据统计,截至2018年年底,临夏县创业者在县内外开办牛肉拉面馆4524家,其中建档立卡贫困户开办1673家,从业人员超过1.48万人,年创收5.18亿多元。

就业培训不仅使贫困户获得一技之长和谋生本领,还提高了劳动的技术含量和价值含量,使一般的苦力型劳动向技能型劳动提升。

家住积石山县安集乡风光村的曹文成花原来是贫困户,2018年5月她们家迎来了这一年最大的喜事,即她们一家实现了脱贫摘帽的目标,不再是贫困户了。说起这件事,曹文成花满心喜悦,不无自豪地说:"丈夫干得一手漂亮的瓦工活,让我们家改变了贫困的面貌,现在看来,有一技在身,再也不怕日子过不好了。"曹文成花的家以前不是这样,家里经济条件比较困难,老人要照顾,孩子要抚养,丈夫打零工一月收入只有3000元,日子过得紧紧巴巴。2017年10月,村干部上门告诉曹文成花的丈夫冯香玉,县里过几天组织专人进村开展免费技术培训。冯香玉动了心:"有技术和没技术打工收入相差一两倍。"随后，冯香玉和村里的几个年轻人参加培训并拿到了职业资格证书。"找工作容易不说，还从一名'小工'变成了技术'大工'，一个月能挣6000多块哩"，冯香玉高兴地说。

技能培训使得贫困户劳动力有了一技之长，不仅找工作容易多了，而且有了技术工资也高了，无形中脱贫致富的脚步也加快了，好日子有盼头了。

近年来，临夏州紧盯产业培育、市场需求和贫困劳动力个人培训意愿，对农民开展实用技术培训，对外出务工人员开展就业技能培训，对居家妇女开展特色手艺培训，对有创业意愿的开展创业培训，做到培训需求和培训工种精准对接。不仅如此，各级政府人社部门还采取"送培训下乡"和"培训大篷车"等方式，把培训班办到村社，让贫困户在家门口就能参加培训，让参加培训的人员都能学会一门技术。为了提高培训效果，人社部门还采用"技能培训＋劳动实训"的模式，组织培训学员参加教学实训，并把政府就业补助资金的使用向培训补贴倾斜，确保把培训办扎实，办出效果。

（四）东西部协作扶贫让脱贫之舟鼓帆远航

由于历史的原因和地理条件的差异，中国东西部在经济发展速度和发展水平上存在明显的差异。早在中华人民共和国成立之初，毛泽东便就处理好沿海地区和内陆地区发展关系做出了安排。改革开放以后，邓小平提出"两个大局"的思想及让一部分人先富起来、先富带动后富、实现全体人民共同富裕的战略部署。党的十八大以来，习近平同志提出以人民为中心的新发展思想，把发展成果由全体人民共享作为我们党一切事业奋斗的起点和最终目标，提出了"全面建成小康社会，一个不能少；共同富裕路上，一个不能掉队"① 的决定，继承并发展了共同富裕的思想。党中央把精准扶贫、精准脱贫作为脱贫攻坚的重大举措，摆在治国理政的突出位置。习近平总书记强调，东西扶贫协作和对口支援，是推动区域协调发展、协同发展、共同富裕的大战略，是加强区域合作、优化产业布局、拓展对内对外开放新空间的大布局，是实现先富帮后富、最终实现共同富裕目标的大举措，必须认清形势、聚焦精准、深化帮扶、确保实效，切实提高工作水平，全面打赢脱贫攻坚战。

按照国务院扶贫办安排，福建省厦门市与甘肃省临夏州建立东西协作关系。2016年12月中办国办印发《关于进一步加强东西扶贫协作工作指导意见》，进一步明确两地协作关系。近年来，两地党委和政府密切协作，大胆探索，以劳务输出、创办扶贫车间、基础设施建设、产业合作、人才交流等形式帮助临夏贫困群众脱贫。

2019年11月13日，临夏州广河县电商孵化园内举行"2019年第十批赴厦门外出务工人员欢送仪式"，来自广河县买家巷、官坊、水泉、庄窠集4个乡镇的24名建档立卡贫困群众，出发奔赴2000多千米外的厦门市开启务工生活。

马雪飞是24名外出务工人员中的一员。过去几年，他先后辗转新疆、青海等地打工，因工资收入低、生活没保障而返回家乡，这一次，他再次踏上南下的列车，参加政府组织的厦门务工团队。与以往自己出门打工不同，迎接他的是一份稳定且收入可观的工作。

马雪飞的家乡在广河县官坊乡，那里山大沟深，土地贫瘠，人多地少，很多群众长年外出打工。据统计，全乡外出打工人

---

① 《新时代要有新气象更要有新作为 中国人民生活一定会一年更比一年好》，《人民日报》2017年10月26日第2版。

员约2000人，占总人口近1/5。"虽然出去打工的群众很多，但真正稳定下来的却是少数，这两年回来的人也逐步增多"，官坊乡政府工作人员马正良介绍说。

官坊乡的情况与临夏州许多地方类似。究其原因，是劳务输转没有形成规模优势，劳动力依旧处在以分散型、苦力型、短期型为主的低层次水平，导致输转质量整体偏低。为了改变这一现状，临夏州与厦门市开展合作，实施有组织、有准备的劳务输出。根据厦门市企业用工需求，临夏州对有意愿的务工人员开展以牛肉面、电子电工为主的"订单式"和"一对一"岗前培训，提高劳动者技能和就业素质，实现务工人员由"苦力型"向"技能型"转变，由低层次向高层次转变。这次，马雪飞也参加了县里组织的劳务培训班，尽管培训时间只有短短4天，但厂规厂纪、安全生产、安全用电常识等内容一应俱全，这让马雪飞一行人到厦门后，就能很快适应工作岗位。为了让赴厦门务工的马雪飞们安心工作，临夏州政府还给予他们一定的补助。"针对赴厦门务工的临夏籍人员，我们专门发放稳岗补贴、交通补贴等，这不但提高了群众的收入，还能使他们安下心来，好好工作"，临夏州劳务工作办公室主任夏军介绍说。2019年1—10月，临夏州向厦门市输转人员落实交通补助、稳岗补贴、奖补资金等共计640多万元。

厦门市企业按时足额发放工资加上临夏州的各类相关补贴，让和马雪飞一样在厦门市打工的临夏籍贫困务工人员，不仅对眼前的工作充满信心，也对未来无限憧憬。"照这样算下来，我第一个月就能拿到4500元工资和1100元奖补资金，这是打着灯笼都难找到的好工作"，马雪飞高兴地说。

在厦门务工的甘肃临夏青年牟得龙通过厦门与临夏州的东西协作劳务帮扶政策，于2017年11月不远千里从家乡来到厦门，成为玉晶光电（厦门）有限公司生产线上的一名作业员。两年多过去了，现在他已经适应了厦门的工作和生活，把厦门当成了第二个家。"当时在村委会听招工宣传,厦门这家企业包培训、吃住免费等福利待遇一下子就吸引了我,于是就报名过来了",牟得龙说,"当时抱着试一下的心态就下来了。来了后觉得挺好的,就留下了,现在已经干了两年多了"。来厦务工两年多,牟得龙不仅偿还了老家10万元的债务,还有了一些盈余。"家里人都支持我们上班,说好好上班,家里孩子他们给带着,让我们趁年轻自己多赚点钱。"

后顾之忧解决了,牟得龙更能安心继续好好工作了。据介绍,玉晶光电目前共有300多名临夏籍务工人员,为了能让他们更好地适应工作,公司不仅统一安排上岗培训,同时也照顾他们的生活需求,为他们安排了专门的食堂,逢年过节还组织活动。如今,这些临夏州员工都已把厦门当成了自己的第二个家乡。

到2019年年底,临夏州共向厦门市输转劳动力4645人,其中输转建档立卡贫困劳动力2693人,厦门市帮扶临夏籍务工人员就近就业及第三地就业1.64万人。同时,在厦门市援建的扶贫车间内,共吸纳临夏州5916人就业,其中建档立卡贫困劳动力3078人。

在东西协作为贫困群众找工作、安排就业的同时,临夏州还按照"走出去"和"引进来"双管齐下的方式,通过招商引资、注入资金、引进生产线等,引进厦门市援建服装加工、雨具制作、制鞋等扶贫车间132家,占全州扶贫车间总数的65%。"在扶贫车间里工作的绝大多数都是女性,这些过去的家庭妇女变成了'上班族',极大地提高了家庭收入,她们早已是脱贫路上的'主力军'了",夏军说。①

东乡县城北侧的龙泉镇拱北湾村山大沟深,群众增收渠道

---

① 王睿君:《临夏:发展劳务经济 拓宽增收渠道》,《甘肃日报》2020年1月2日第1版。

比较单一，属于深度贫困村，全村现有建档立卡贫困户110户558人，马秀花一家是其中的贫困户。为了给村里贫困户提供就业机会，由厦门市湖里区投资120万元援建了扶贫车间，主要生产服装。马秀花就在这个"扶贫车间"工作。"这里离家近，每天干完家里的活就来这里上班"，马秀花高兴地说。

为了迅速适应车间里的工作，临夏州人社部门还委托甘谷腾达实业有限公司派专业技术人员，对贫困户开展技能培训。目前，有70多名妇女在这里上班，还有80多人在此学习。

马燕玲是临夏州积石山县小关乡小关村的贫困户，家里有上小学的女儿和上幼儿园的儿子，每天一早，她给孩子吃过早饭，把他们送到学校和幼儿园后，自己就骑着电动车来到临夏州积石山县小关乡小关村的腾达扶贫车间，开始了一天的工作。扶贫车间加工的是衣服，6排149台缝纫机排列整齐，颇为壮观。马燕玲现在已经是熟练工，每天有七八十元钱的收入。"现在一个月两千多块钱的收入，够孩子们基本的花销了"，马燕玲一边忙碌着给衣服锁边一边说。

据积石山县人社局副局长何彦龙介绍，扶贫车间从全县范围招收了150名左右的家庭妇女，从事服装加工，这其中建档立卡贫困劳动力91人；下一步，人社局还准备给扶贫车间建上食堂和宿舍，让这些妇女和她们的娃娃们中午能有个吃饭和休息的地方。

在积石山县的另一家扶贫车间——特利强雨具有限公司扶贫车间里，女工们正忙碌地工作，在车间员工出勤、工资公示栏上记录着员工一个月的工资发放情况，比如"马晓红，工资3764元，奖金500元；佐祖十花，工资3286元，奖金450元"……从记录上看，员工只要出勤好，工作质量优秀，一个月就能拿到三千多块钱，这个收入在当地农村来说已经不低了。

据何彦龙介绍，特利强雨具加工厂吸纳了县城及附近乡镇的151名贫困妇女就业。

"对来到这里上班的妇女,我们要进行为期一个月的技术培训后才能上岗,培训期间给参加培训的人员每人补贴2500元。上岗后,熟练工一个月可以拿到3000多元",车间负责人介绍说。

在家门口上班,不仅让贫困家庭的妇女们有了一份工作,得到了一份稳定的收入,变成了"上班族",而且,这份工作还让她们产生了一些细微的变化,有工作能挣钱不仅使她们心里更踏实了,自信了,而且她们自己也变得大方了,敢于见世面了,而不再像从前那样总是羞羞答答,把自己偷偷藏在家里不敢抛头露面。

一位当地干部在谈起扶贫车间带给建档立卡贫困户的变化时,不无感慨地说:"以前,我们这里的家庭妇女见到陌生人来了,都是躲在门帘后偷偷瞧,现在她们能走出家庭,出来工作,能大大方方地和你对话,这是一个巨大的变化。"

可见,精准扶贫、精准脱贫方略的实施,给贫困山乡带来的深刻变化,不仅是经济上的,还有社会层面的,更有人们自己思想的开化和自我认知的升华。这也是全面建成小康社会的潜在目标。

六 易地扶贫搬迁
——脱贫致富与生态保护相得益彰的康庄之路

（一）易地扶贫搬迁的脱贫意义与生态意义

易地扶贫搬迁是指将生活在缺乏生存条件地区的贫困人口搬迁安置到其他地区，并通过改善安置区的生产生活条件，调整经济结构和拓展增收渠道，帮助搬迁人口逐步脱贫致富。

易地扶贫搬迁是行之有效的扶贫措施之一，是党中央、国务院做出的一项重大战略决策。自20世纪80年代初，即1983年国家探索实施"三西吊庄移民"扶贫，开启搬迁扶贫的先河以来，易地扶贫搬迁成为中国开发式扶贫的重要措施，受到重视并逐步推广。2001年国家在内蒙古、贵州、云南、宁夏4省（自治区）开展易地扶贫搬迁试点，随后又陆续扩大到全国17个省（自治区、直辖市）。国家发展改革委设立了中央预算内投资专项资金支持易地扶贫搬迁，形成了稳定的投入渠道，资金支持总量和户均补助标准逐步增加。多年实践证明，由于生产生活条件极其恶劣、就地扶贫措施成效不显著，易地扶贫搬迁成为"一方水土养不起一方人"地区摆脱贫困的最有效途径。2001—2015年，全国累计安排易地扶贫搬迁中央补助投资363亿元，支持地方搬迁贫困群众680多万人，越来越多的贫困群众搬到宜居宜业的地区，开始了新的生活。①

2015年11月，中共中央召开扶贫开发工作会议，中共中央、国务院印发《关于打赢脱贫攻坚战的决定》，标志着中国扶贫开发事业进入了脱贫攻坚的新阶段。按照精准扶贫、精准脱贫的基本方略，各地组织开展了大规模的扶贫对象精准识别工作，基本摸清全国贫困人口分布、致贫原因、脱贫需求等信息，其中有约1000万农村贫困群众仍生活在"一方水土养不起一方人"地区。基于这一现实情况，国家将"易地搬迁脱贫一批"作为新时期脱贫攻坚"五个一批"精准扶贫工程之一，决定用5年时间，把这些贫困群众搬迁出来，彻底摆脱恶劣的生存环境和艰苦的生产生活条件，帮助他们增加就业机会，实现稳定脱贫。

易地扶贫搬迁既是新时期根本上解决生态脆弱地区贫困人口脱贫问题最直接、最有效的重要举措，也是保护自然资源和生态环境，促进人口、资源、生态协调发展的有效途径。

根据联合国《千年生态系统评估》研究发现，减少贫困、饥饿、疾病的主要障碍是生态系统承载力和服务功能的下降，存在生态问题的地域往往贫困落后，而贫困高发的地区则一般资源稀缺、土地贫瘠、生态脆弱。② 中国的生态脆弱地区和贫困地区存在非常显著的相关性特征，生态脆弱县的贫困率为69.9%，贫困县的生态脆弱率更是高达74.7%。③

从全国来看，"一方水土养不起一方人"地区主要集中在青

---

① 中华人民共和国国家发展和改革委员会网，https://www.ndrc.gov.cn/fzggw/jgsj/dqs/sjdt/201803/t20180330_1050716.html，2018年3月30日。

② See M. A., Millenium Ecosystems Assessment, *Ecosystems And Human Well-Being: Synthesis*, Washington D. C. : Island Press, 2005.

③ 麻建学、韩建民：《甘肃省生态贫困问题研究》，《安徽农业科学》2007年第33期。

藏高原地区、西北黄土高原地区、西南石漠化地区、东部酸壤地区和部分高寒地区以及自然灾害严重地区。这些地区资源环境承载能力弱，水、电、路等基础设施和教育、医疗、文化等公共服务设施落后，群众出行难、用电难、吃水难、上学难、看病难的现象普遍存在，就地脱贫发展无望，增收渠道不畅，传统扶贫手段难以奏效。

临夏州位于青藏高原与黄土高原交接边缘地带，全州8000多平方千米，山阴、干旱、川水的面积各占约1/3，除了太子山沿线的西南地区降水较多，气候阴湿，植被良好外，东北部干旱少雨，植被稀少，地表裸露，属于严重水土流失地区，每年约有3092万吨泥沙流入黄河。[①] 不仅如此，这里平均年降水量260—660.2毫米，多集中在秋季汛期，降水集中，伴有暴雨、冰雹等灾害天气，使得原本就已经非常脆弱的农业生产环境更加恶化，地质灾害频发。另外，这些地区交通、水利、电力、通信等基础设施欠缺，教育、医疗、卫生等基本公共服务能力严重不足，且多属于国家生态功能限制开发区和禁止开发区，贫困群众长期以来过着靠天吃饭的日子，生活条件艰苦，且没有任何改善的希望。

一方面，通过易地扶贫搬迁解决贫困群众脱贫问题；另一方面，积极建设生态，临夏州坚持"两手抓"，易地扶贫搬迁和生态保护都取得了显著成效。到2019年年底，"十三五"期间全州计划搬迁的1.47万户75139名建档立卡贫困人口安置住房建设任务已全部完成，建成率、入住率均达到100%，拆旧复垦7655户、拆旧率52.5%。生态建设方面，从国家实施"十二五"规划以来，临夏州提出了"绿色发展，生态立州"的发展战略，实施天然林保护工程、退耕还林工程、三北防护林工程、

---

① 范丹雪：《临夏回族自治州生态扶贫现状及发展战略研究》，《兰州教育学院学报》2017年第3期。

生态公益林补偿工程、千村百亩荒山造林绿化工程、城镇绿化美化工程六大重点工程，取得了显著效果。2016—2018年3年来，全州完成人工造林122.85万亩，新育苗12.79万亩，退耕还林等重点生态工程补植补造17.42万亩，天然林保护面积92.26万亩，湿地红线保护面积35.26万亩，森林覆盖率达到11.51%。狠抓水土流失治理，完成890平方千米治理任务，建设高标准农田34.15万亩，新增节水灌溉面积4万亩，改善灌溉面积12万亩，新建防洪堤43.8千米，生态保护屏障功能进一步完善。

（二）走出大山深沟的东乡族群众幸福路

东乡族自治县位于甘肃省中部西南面，临夏回族自治州东面，东临洮河与定西市毗邻，南与广河县、和政县接壤，西接大夏河与临夏市和临夏县为界，北隔黄河与永靖县相望。历史上，东乡没有县的建制，隶属河州管辖，1950年9月，根据民族区域自治政策，成立了相当于县一级的东乡自治区。1955年6月改称东乡族自治县。东乡县是全国唯一的以东乡族为主体的少数民族自治县，也是甘肃省三个特有少数民族之一东乡族的发祥地和主要聚居区，属国列省扶重点贫困县。

全县辖16个乡、8个镇、229个行政村、1893个合作社，5.88万户30.48万人，其中东乡族占87.12%，汉族占9.78%，回族占3%，其他少数民族占0.1%。全县总面积1510平方千米，耕地面积36.78万亩，人口密度199人/平方千米，人均耕地1.2亩。全县平均海拔2199.5米，属温带半干旱气候区，年降水量在350毫米左右，年蒸发量高达1387毫米，日照时数2500小时以上。东乡县地形中间高、四周低，呈"凸"字形，虽然黄河、洮河、大夏河环县奔流，但是"十年九旱"仍是困扰村民生产生活的主要因素。加上黄土土质松软，植被稀少，易于遭受山体滑坡等地质灾害。

最近一次灾害惊心动魄，也重塑了东乡县城锁南镇的新貌。那是2011年3月2日晚，一场特大滑坡地质灾害突然降临，灰尘遮天，房舍塌陷，整个县城瞬间变为一片废墟。虽然没有人员伤亡，但灾害涉及县城建成区面积的近2/3，导致绝大部分建筑物损毁，造成直接经济损失4.69亿元，间接损失高达十多亿元。这是临夏回族自治州有史以来最严重，也是全省少见的自然灾害。灾害发生后，从县城到省城再到中央，党和政府高度重视，一边疏散并易地搬迁受灾区的群众，一边着手清理现场，开始重建工作。2013年2月3日，习近平总书记来到东乡视察，直接步行到县城灾后重建工地，看望慰问现场施工人员，听取重建工程进展情况的汇报。习近平总书记说："要尊重规律、科学重建、精益求精，按时保质保量地完成县城灾后重建的任务，使东乡的发展向前迈进一大步。"总书记的话语，极大地鼓舞了建设者及全县上下重建家园的信心和力量，为灾后重建注入了强大动力。这是习近平总书记在党的十八大后视察的第一个民族自治县，极大地激励和鼓舞了东乡各族干部群众战胜贫困、奔向小康的信心和决心。经过3年重建，一个崭新的散发着新时代东乡族精神文化魅力的新城镇终于建成了，使东乡族自治县——这个东乡族发祥和繁衍的唯一县域——焕发了青春的光彩。

易地搬迁不仅仅是因为地质灾害而被迫搬迁，更多的还是将困在东乡县深山大沟里的群众搬迁到更加宜居之地来生产生活。

东乡县是全国脱贫攻坚的"主战场"，这里丘壑连绵，山高沟深，全县30万人口，散居在1750条梁峁和3083条沟壑中，这里干旱少雨，两边大山寸草不生，满目尽是黄土。生活在山顶或山沟里的村民，长期忍受着"六难"：行路难，道路都为土路，又窄又陡，尘土盖过脚面，交通闭塞；吃水难，吃水需往返二三十里到山脚下,人背畜驮;住房难,80%的群众居住的都是危房;就医难,没有村卫生室,出现头痛感冒要到好几千米外的乡卫生院;上学难,家附近没有教学点;增收难,耕地几乎都是坡耕地,靠天吃饭,十年九旱。村民住着"穷窝",守着"穷业",想要脱贫增收都没有办法。

为了脱贫,自2016年国家新一轮易地扶贫搬迁政策启动实施以来,东乡县委、县政府按照国家发改委等五部委《"十三五"时期易地扶贫搬迁工作方案》和甘肃省的统一安排部署,把易地扶贫搬迁作为精准扶贫、精准脱贫重点任务来抓,以建档立卡贫困人口为重点,全力推进易地扶贫搬迁项目。2016年,东乡县对锁南、那勒寺、汪集、沿岭、大树、坪庄、赵家、五家、果园9个预脱贫乡镇实施易地扶贫搬迁项目,整体采用小城镇购房安置、集中安置、分散插花安置三种方式,项目总投资约3.2亿元。2017年,东乡县搬迁任务涉及五家、坪庄、大树、那勒寺、春台、柳树、风山、北岭、龙泉、考勒、董岭、车家湾、果园、汪集、锁南15个乡112个村共计2566户1.26万人实施易地扶贫搬迁,其中行政村集中安置182户885人,行政村插花安置1982户9725人,城镇楼房安置402户1985人。

"要是没有政府的帮助,我这一辈子都要在山上了",东乡县果园乡李坪村四社的村民王国豪高兴地说。"以前,山上路难走,娃娃们上学远,生活很不方便;现在搬下了山,离集镇和学校近了,交通方便,我们的生活也大变样了……"王国豪一边说,一边指着眼前崭新的安置房屋,脸上闪烁着喜悦和满足的神情。

据了解,为了把山上的村民接下山,县里根据每个村社的不同情况,精准发力、因户施策。对那勒寺、大树、五家、果园4个乡镇的易地搬迁群众进行行政村插花安置。每户房屋规格统一按照住房面积4口人以下为60平方米,4口人为80平方米,4口人以上为100平方米的标准修建。每户还建有厨房、卫生间等辅助性用房。这些措施满足了村民基本生活住房需要。

走出了深山大沟，住进了崭新家园，村民们打心底里高兴。李坪村五社的王艾不一家就是易地搬迁工程的受益者。他兴致勃勃地说："过去住在山里，娃娃们没出过村，没见过汽车，房子背后就是山，经常有大石头滚落下来，日子过得提心吊胆，我们天天盼着能搬出这个地方。如今，党和政府圆了我们的梦，现在我们一家搬进了新房，水泥路通到了家门口，县上还鼓励我们参加技能培训，学好技术靠本事吃饭……"

风山乡池滩村碌础嘴社村民李吾麦勒的家住在山上，离县城比较远，如果从东乡县城出发，乘车绕着盘山的土路，经过一个多小时的颠簸，才能开到山顶到达家里。他家住的是破旧的土坯房，昏暗熏黑的灶台，简陋破旧的羊棚，浅到见底的水缸……像他这样分散居住在这个山头上的村民还有10户。山大沟深，交通不便，拉运吃水，靠天吃饭，这是他们的日常，改变生活的信心与希望一点一点被掩埋在这纵横交织的大山褶皱里了。

李吾麦勒前几年出了场车祸，现在干不了重体力活，家里13亩土地全凭妻子马则乃白操持。"种地本身辛苦，我家又住在山头上，每次到村部赶集、办事，还有娃娃上学，步行就得两个小时。以后就方便了，村支书和帮扶干部告诉我们，年底（2017年）就能住到村部边上的安置点了"，马则乃白充满希望地说着，憧憬着全家人搬出大山的那一天的到来。搬出去才有希望活得好；搬出去，才有机会好好发展。这就是东乡县住在山头深沟里的村民心底最迫切的愿望。

易地扶贫搬迁就是要让贫困群众"搬得出、稳得住、能致富"。如何让不同家庭结构的贫困群众住上够住、满意的房子，县政府确实花了一番心思，对易地扶贫搬迁目的地的房子进行了精准的设计，平顶、坡屋顶、二八坡屋顶样式各具特色，2人户、3人户、4人户乃至7人以上的户型都有设计。

66岁的马万福现在真是享上福了。2017年8月,他们一家9口,离开了住了三十多年的4孔窑洞、4间土房,搬到了沿岭乡新星村的一栋150平方米的新房里。"以前孩子住土房,我住窑洞,墙用报纸一糊,一个土炕就够了。每天喂完旁边窑洞养的牲口,我就到这边一睡。时间久了,窑洞一下雨就渗水,我真怕哪天塌了",马万福坐在新房里的床沿边比画着说道,"现在搬到这儿宽敞了,水电都通上了,屋里干净敞亮,我和老伴住这间大屋,两个儿子在对面一家一间。政府给我家补助了十多万元呢,真没想到这辈子还能住上这样的好房子"。住房难、行路难、吃水难、上学难……沿岭乡新星村的这处安置点,有效解决了包括马万福在内的村里那拉五社、奴龙社、湾子沟社、达浪社4个社21户人的困境。这4个村社都位于沿岭乡的几个半山梁上,居住偏远,一下雨一路烂泥,交通极为不便。村民吃水主要靠水窖积攒雨水及花高价拉水。村里学龄儿童的上学问题也亟待解决。

马洒力一家2018年年底也搬进了新的安置点。对他来说,新家最大的好处就是孙子孙女上学近。"原来最近的幼儿园、小学都在5公里远的乡里,一个来回路太远,娃娃上学也不安全",马洒力说道,"现在,抬脚就能到村里的新星小学,学校还有幼儿班,孙子们能在家门口上学,多方便"。

"搬得出""住得稳",下一步就是要"有事做""可致富"了。

沿岭乡乡长马德明介绍说:"我们鼓励安置点的群众在院中修建圈舍,继续发展养殖,另外我们还和帮扶企业展开合作,将在安置点附近建立一家布鞋加工厂,这样能够有效解决安置点群众的后续产业发展问题。"

为了让搬迁出来的村民真正实现"搬得出、稳得住、有事做、可致富",东乡县委、县政府和相关部门立足县上实际,大力开展劳务技能培训,进一步拓宽搬迁群众的致富渠道,不仅让贫困群众生产和生活方便，更让他们走上了脱贫致富的道路。

不仅如此，东乡县将培育新型经营主体、鼓励外出务工、发展光伏扶贫项目、开发公益性岗位作为易地扶贫搬迁项目后续产业发展的重要抓手。县里协调厦门市东西协作项目，在那勒寺镇、五家乡各建1处养殖合作社，带动293户搬迁户发展养殖，动员搬迁户59人赴厦门市湖里区务工，实现稳定增收。

易地扶贫搬迁，是一项改变祖祖辈辈生活生产方式的举措。它的成功，不仅解决了贫困村民的生存生活的问题，更提升了他们的生活质量，带他们转变了更有效率的生产方式，走上了依靠勤劳和智慧可以改变命运的道路。

（三）临夏县易地扶贫搬迁的贫困户过上了新生活

"搬得出、稳得住、能致富、可发展"是易地扶贫搬迁的目标，"搬得出"只是走完了第一步，"稳得住"才是真正的目的，而"能致富"和"可发展"是"稳得住"的措施和手段。为此临夏州在完成"十三五"易地扶贫搬迁建设任务的基础上，及时把工作重心转移到易地扶贫搬迁群众后续扶持上来，巩固提升搬迁成效，引导搬迁群众顺利融入新社区、新环境，努力实现"稳得住、有就业、逐步能致富"的目标。

围绕这一目标，临夏州因地制宜，一地一策，针对不同的搬迁群众给予不同的帮助，使搬迁群众能够在家门口实现就业。比如，在有条件的移民安置点配套建设养殖暖棚和种植暖棚，扶持引导东乡县、康乐县等养殖大县安置区群众创办标准化规模养殖场；在临夏县北塬、永靖县西山等安置区扶持建设大规模设施农业基地，做到了人入房、羊入圈；大力发展青年经济靠务工、老年经济靠养殖、妇女经济靠扶贫车间的"三个经济"发展模式，让搬迁群众有稳定的分红收益和劳务收入；进一步扩大易地扶贫搬迁户光伏扶贫受益覆盖面，使光伏扶贫收益成为搬迁群众的"铁杆庄稼"。

"住泥巴屋，睡小土炕，走羊肠道，吃洋芋蛋，点煤油灯。"这是临夏县韩集镇沙楞沟村村民昔日生产生活的真实写照。如今，随着易地扶贫搬迁项目的启动实施，村里74户贫困户走出大山深沟，落户到县城后街、韩沟公路沿线的安置点，住上了砖瓦房，通上了自来水，用上了电灯，过上了安居乐业的新生活。

2019年，临夏县瞄准发展现代农业，加大易地搬迁群众后续产业扶持力度，以实现搬迁群众"搬得出、稳得住、能致富、可发展"为目标，按照"设施农业＋易地搬迁户"发展模式和"移民、产业同步谋划推进"的工作思路，扶持培育富民增收产业，统一规划，统一标准，统一建设一批基础设施配套完善的设施农业，推进现代农业产业、生产、经营体系建设，打造农业产业融合样板区。2019年总投资7259.9万元，在先锋乡前韩村、鳌头村集中规模流转土地1914.87亩，建设易地扶贫搬迁后续产业发展日光温室400座，该项目建成后，按照户均1座日光温室的标准，分配给临夏县南塬乡、坡头乡、井沟乡、桥寺乡、路盘乡、河西乡、莲花镇、黄泥湾乡、安家坡乡9个乡镇的400户易地扶贫搬迁建档立卡贫困户，预计每年户均增收3万元以上，有效解决后续产业培育和易地搬迁群众持续增收的问题。

除了大棚温室和牲畜养殖，临夏县还给农闲时留守家里的妇女们送去了她们拿手的针线活，让她们不出远门，也能工作挣钱。

56岁的张秀芳手上满是老茧，脸上却堆满了笑容。她和姐妹们在临夏县精准扶贫布鞋加工培训基地，忙忙碌碌地做着布鞋、拖鞋、麻鞋。一双布鞋能卖60块钱，如今这份工作成了很多留守妇女的"小钱袋"。"按件拿钱，做多少拿多少，我一天能挣 30 多块。"张秀芳将做好的鞋底放到一边，把手在裤子上擦了擦，抹了把脸，"自打搬下来，日子可过好了"，她不无感叹地说。

张秀芳是路盘乡联丰村人，2014 年成为建档立卡贫困户，原先她家住在山沟沟里头，一家人六张嘴全指着儿子一人在青海打工维持着。"以前不成。山沟沟，土墙墙，墙上头盖上几片瓦。家在山沟里，地在山上头，娃的学校在山那头。送娃上学得爬山，一个钟头也走不到，如果下雨了路就更难走。种地更是不成，全是斜坡，收成全靠老天爷。7 亩地全种上玉米，算上地膜化肥种子，忙活一年也剩不下个啥……"回想起过去的难，张秀芳泪湿了眼眶。

随着临夏县易地扶贫搬迁工程的陆续实施，2018 年张秀芳家从山沟沟里头搬下来，住进了镇上的新房子。"新房两室一厅，120 平方米，政府建好的，自己只出了一小部分钱；娃的学校就在小区门口，俩孙子一起送，四五分钟就到了；送完孙子我就到布鞋车间来上班，赚钱还能顾家；儿媳妇不用操心娃，也在县城一家火锅店找到了份工作，一个月能挣 2000 块……"说起现在的日子，张秀芳笑得更开心了。

让村民们离开祖祖辈辈生活的地方，搬起来不易，稳得住更难。为了实现这个目标，临夏县在土桥镇的集中安置点建了布鞋车间，让像张秀芳一样的农村留守妇女、尚有劳动力的在家老人等，都能在家门口实现就业。

这几年，临夏县将集中建点安置、分散安置与购房安置相结合，累计投入资金 6.82 亿元，实施"十三五"易地扶贫搬迁项目 2329 户 11321 人。"为了让搬迁群众不再'两头跑、两头住'，县里通过发展乡村旅游、特色产业，实施土地流转、劳务输出，提供公益岗位等方式，确保做到搬得出、稳得住、能致富"，临夏县特色产业办公室主任韩杰辉说。

2019 年，张秀芳一家收入 4 万多元，早已脱了贫。"搬下来,日子红火了,心里舒坦。"张秀芳爽朗地笑道:"希望儿子媳妇都能多挣点,娃能把书念好。"

易地扶贫搬迁,就是要让贫困群众丢掉穷根子,过上好日子。与东乡县和临夏县相同,广河县也让大山里的贫困群众搬迁到河川平地,过上了好日子。

走进临夏州广河县三甲集镇康家村易地扶贫搬迁安置点,一栋栋漂亮的小独院整齐排开,广场、路灯、健身设施一应俱全,一幅崭新亮丽的新农村美景。村民马进海说:"以前我家住在三甲集镇南部山区南山村,距离这里非常远,有十多里山路,生产生活相当不方便,娃娃们上学很吃力。2014年,镇上实施易地扶贫搬迁项目,修建了这个小独院。现在的生活,我们以前想都不敢想,要不是易地扶贫搬迁的好政策,不知道还要在大山里生活多久呢。"

易地扶贫搬迁不仅要把"群众"搬走过好日子,还要让留下的村社耕地回归自然,让生态得到修复护理,长久向好。而这又为帮助群众脱贫提供了机会。那就是在实施退耕还林还草、天然林防护林建设、水土保持等工程中,吸纳更多贫困人口,让他们参与生态工程建设。同时,增加林业资源管护岗位、湿地管护岗位等生态环保管护岗位,优先安排易地搬迁群众参与管护和服务,精准带动贫困人口稳定增收脱贫。生态脆弱地区的保护需要人手(员工),搬迁群众需要有一份职业和工作,设置生态公益岗位能够两全其美地解决这两个问题。

临夏市南山站护林员韩生辉就是这样一位护林员。每天他都会骑着电动车来到南龙山脚下,开始一天的巡山护林工作。2014年,韩生辉一家被认定为建档立卡贫困户,靠着这份工作,他每年有稳定收入8000元,一家人的生活有了保障,实现了稳定脱贫。临夏州像韩生辉这样的护林员有3598名,其中2019年新选聘315名,落实相关资金2878.4万元。

七　民生扶贫
——让贫困群众摆脱贫困之根

全面推进精准扶贫、精准脱贫以来，临夏州认真落实"两不愁三保障"（不愁吃、不愁穿，义务教育、基本医疗、住房安全有保障），将教育扶贫、健康扶贫、精神扶贫、住房保障及饮水工程、交通设施等作为治贫的根本策略和长远战略狠抓落实。

（一）教育扶贫阻断贫困的代际传递

教育是百年大计，是国之兴衰的根基。教育兴，则民智国兴；教育弱，则民愚国穷。实施精准扶贫、精准脱贫，教育是关乎长远和根本的大计。临夏乃至整个西北少数民族地区长期遭受贫困困扰，其中一个重要原因也在于教育水平落后，人民文化素质不高。因此，要从长远和根本上打赢脱贫攻坚战，根本上减少脱贫返贫、斩断贫穷的代际传递，就要依靠教育。

受教育程度低是临夏人民致贫的重要原因。2011年，临夏人均受教育年限仅为6.62年，远低于全国和全省水平，其中东乡县人均受教育年限仅为3.2年。在农村人口中，高中以上文化程度人口不足5%，小学以下文化程度人口高达40%。文化普及度低，使得山区农民对新生事物的认知能力相对较弱，主动求变和自我发展的愿望和能力不强，部分农民宁愿守着土地受穷也不愿冒险外出务工挣钱。

"优先发展教育事业、办好人民满意的教育，既是高质量完成脱贫摘帽任务，决不让一个民族掉队的紧迫现实要求，也是促进临夏长远发展、开创富民兴临新局面的重大战略任务。可以说，没有哪一项事业能够像教育这样，影响甚至决定着临夏的未来、民族的希望"，在2019年7月召开的全州教育工作会议上，州委书记郭鹤立郑重地讲道。正是有了这样的认识，临夏州委、州政府按照党中央国务院《关于打赢脱贫攻坚战三年行动的指导意见》，把教育作为阻断贫困代际传递、促进长远脱贫的根本之计，鲜明提出"振兴临夏教育"的目标和"一切利益都要为教育让路"的要求，围绕"义务教育有保障"，扎实开展控辍保学攻坚战，统筹推进教育扶贫政策落实、教育基础设施改善、师资力量配备和教育质量提升工作，在全州带动形成了重视教育、依靠教育脱贫的浓厚氛围。

控辍保学是临夏教育的"短板"，为此临夏州委、州政府制定落实《关于进一步加强控辍保学工作的意见》和《临夏州控辍保学问责办法》，全面推行州、县、乡、村四级"学长制"和"保学制"，全面核查6—16岁少年儿童入学情况，大规模开展集中摸排和劝返工作，对人在外地的适龄学生专门派出工作队上门劝返，对极个别不履行子女接受义务教育责任的家长采取"官告民"的方式督促其履行法定义务，扭转了不重视教育的陈旧观念。对劝返学生因人施策，采取跟班就读、职普结合、送教上门等办法，千方百计提高学习兴趣，确保劝返学生留得住、跟得上、学得好。两年来，全州累计劝返失辍学学生15130名（建档立卡贫困户学生6767名），其中正在接受义务教育7394名、完成义务教育7613名、超龄等其他情况123名，义务教育巩固率提高到96.29%。

2018年春季学期开始了，可康乐县马集学区杨家沟小学的学生王琴和王玲姐妹俩没有来上学，一打听才知道二人被爷爷带走了。康乐县控辍保学劝返小分队立即行动起来。"我们劝返小分队在民政、公安等部门的配合下，一路西行，经过7天时间，打听到姐妹俩的落脚点，通过和她们监护人协商、劝说，终于将她们带回来了，算是不辱使命"，康乐县青少年活动中心副主任杜明发介绍说。在县委、县政府的支持和全县各部门的配合下，经过摸底调查，小分队成功地完成了任务。西行寻找的过程充满了艰辛，小分队有时候徒步行走在阿勒泰地区下着暴雪的路上，即使大风刮得嘴唇干裂、双手冻得通红，他们也没有退缩，始终怀抱劝返的愿望，直到找到姐妹俩为止。当小分队带着两姐妹回到康乐，将她们送进学校大门的那一刻，队员们悬着的一颗心终于放下了。

"无论多远的路，我们都要让学生重返校园"，杜明发说。康乐县举全县之力，派出了数支这样的劝返小分队，他们有的日夜兼程奔赴青海，有的披星戴月赶往江苏，有的不分昼夜赶往西藏……天南地北都留下了他们的身影，而他们也不负众望，把一个又一个辍学的孩子带回校园，让这些孩子重新回到了他们在这个年纪本该享有的学习生活中。

把辍学的学生找回来重新让他们接受教育，这既是劝学行为，也是一次生动的普法教育行为，因为让孩子接受义务教育不仅是政府的责任，更是监护人的法定义务。对于有些不听从政府劝导、不履行义务教育法的家长，政府将他们起诉到了法院，通过法律手段要求家长履行义务，送孩子上学接受教育。

2018年3月中旬，一场历史上第一次的"官告民"案件在广河县齐家文化广场上开审。这是第一次公开审理村民拒不履行监护人法定义务，不送适龄儿童接受九年义务教育的案件。案件的被告人是初三学生马丽燕的父母，经广河县人民法院控辍保学巡回法庭审理后宣判，被告人须立即履行义务教育法规定的义务，无条件送孩子接受义务教育。马丽燕父母当场表态，保证认真履行监护人责任，尽快将孩子马丽燕送回学校读书，直至完成九年义务教育，其间保证不辍学、不退学、不逃学。

此次宣判的最大获益者无疑是回归学校的马丽燕。这个曾经哭着恳求父亲让自己继续上学的女孩，因为家庭贫困，父母艰难取舍后不得不决定让她辍学在家，照顾因病卧床的爷爷奶奶及年幼的弟弟妹妹。多少次，马丽燕清晨做好早饭，目送弟弟背着书包走向学校，双手紧握低头沉默，她的眼里满是羡慕，可心里却满是无奈。为了不让孩子们因为贫困而辍学掉队，广河县的教师们寒假没有休息，从假期第一天开始就挨家挨户上门摸底，做工作，普及义务教育法，保证一个个像马丽燕这样的学生开学按时回到校园。

有些孩子因为身体缘故暂时不能到学校跟班就读，于是广河县的教师们就利用假期，分别到学生家里给学生辅导功课，确保各门功课都不落下。

就像上面的马丽燕一样，贫困是临夏州孩子们辍学的主要原因，有些孩子为了贴补家里，在应继续求学读高中的年纪就选择了外出打工。临夏州没有放弃这些孩子，找到他们并劝他们返回校园继续学习。这些孩子被劝返时多数已达到14—16岁，已经脱离校园数年之久，按年龄返回普通学校随班就读已不现实，为了兼顾学习和尽快就业的目的，临夏州专门设置了安置环节，把他们集中起来安置在职业学校，让他们一边学习文化课，一边学习掌握一门专业技术，以便毕业后尽快就业。

康乐县的马小林就是其中一个孩子。他辍学后就到兰州打工赚钱。2020年3月27日，经学校老师劝返，他重新返回学校，成为康乐县职业技术学校登记在册的学生，专门学习牛肉拉面制作技术。为了让重返校园的学生享受更好的读书条件，康乐县职专与县一中联合管理，让包括马小林在内的206名学生全都进入康乐一中集中编班学习，既学习文化课，又学习专业技术，同步提高文化素质和职业技能。

为了安置像马小林这样年纪较大的劝返学生，临夏州各县（市）和州职业技术学校、州卫校、州特殊教育学校、临夏市职教中心、临夏县新集高中，根据学生的年龄、辍学时间、个人意愿等实际情况，采取不同的办法分类施策，进行妥善安置。年龄在14—16岁的学生，有意愿上中职学校的，安排到中等职业技术学校学习技能。所有到州直中专和有关职业学校就读的劝返学生，安排学校无条件接收，免费提供被褥、教材及生活用品，并及时安排学生在学校的学习和生活。

控辍保学行动使辍学的孩子们重新返回校园，继续着他们本该拥有的学习生活。然而，在更多层面上看，这只是一种补救的措施。而要防止学生辍学，还需要从源头抓起，把工作做在前面。为此，临夏州教育局副局长负海军介绍说，今后临夏州将探索在普通初中开设职业技术课程、组织初中生在当地中职学校选修职业教育课程，促进农村初中"普职"（普通中学教育和职业教育）融合，确保初中生完成义务教育。同时，完善义务教育扶贫助学机制，把建档立卡户学生、农村低保家庭学生、农村特困救助供养学生和残疾儿童等群体作为帮扶攻坚重点，对山区寄宿制贫困学生、上学路途远的贫困家庭学生落实适当的交通补助；推进各县教育扶贫基金建设和临时救助金的发放，不让一个适龄学生因贫困辍学。

职业教育是临夏州教育发展中的短板和弱项，职业教育在脱贫中的作用没有得到有效发挥。长期以来，州内大量初、高中毕业生没有条件接受职业教育，未掌握就业技能就直接进入社会职场，只能从事简单的苦力型劳动，收入低且不稳定，给家庭和社会带来了一定压力。

2019年，全州有初高中毕业生3.4万名，其中3万名左右升入高中或高等院校就读，但仍有4000多名毕业生"榜上无名"。为此，临夏州委州政府立足脱贫攻坚的实际需要，把职业教育作为实现稳定脱贫的关键，千方百计让这些"两后生"接受职业教育，绝不让他们直接流入社会。在2019年7月召开的全州教育工作大会上，州委书记郭鹤立明确要求："要全力促进职业教育迈出新步伐,让每一个初高中毕业生有学可上、有技可学、有业可就。"

为了实现这个承诺,临夏州政府针对州内职业教育办学条件差、师资力量弱、吸纳"两后生"能力不足的实际,专门安排相关负责人与有关职业院校对接,兰州现代职业学院、甘肃卫生职业学院、甘肃财贸职业学院、甘肃能源化工职业学院等共招收临夏州初中毕业生3110名;临夏现代职业学院招收初中毕业生1100名;兰州资源环境职业技术学院招收临夏州高职学生1000名;充分利用东西协作项目帮扶机遇,与厦门职业院校、技工学校对接,引导建档立卡户"两后生"到厦门职校接受优质职业教育。

在全州各级干部的积极宣传动员下,"两后生"和家长转变思想,树立"三百六十行、行行出状元"的观念,积极主动接受职业教育。

"让每一个'两后生'都有人生出彩的机会"——这是职业教育的初衷。为了尽可能让这些学生上骨干学校、选骨干专业,不断扩大全州职业教育规模,临夏州持续加大劳动力职业技能培训力度,紧盯市场需求,开展订单培养、送教到企、顶岗实习、共建专业等培训项目,让参加培训的劳动者都能掌握一技之长,成为产业工人、技术工人,让职业教育在助力脱贫攻坚中发挥更大作用。

"学到手艺后,我要回老家开一家汽修店。"谈及未来的打算,年仅16岁的张立军眼里满是憧憬。张立军来自临夏县尹集镇,出生在一个农民家庭。初中毕业后,他选择在临夏县职业技术学校学习汽车修理技术。在学校,他早上听老师讲解汽修理论知识,下午进行实践操作,一段时间下来,已能熟练掌握拆装发动机外围的技术。

"学校的老师给我发了校服、床单、被套,我不能辜负大家,一定会好好读书,以优异的成绩回报大家对我的关心,"积石山县小关乡唐藏小学的马丽燕在去年辍学后再次返回校园时说的话，还在温暖着许多人。

马丽燕只是2019年一年临夏州众多劝返学生中的一员。近年来，随迁子女、留守儿童、特殊教育儿童和困境儿童辍学成为全国各地普遍存在的现象。东乡县是教育落后的县，教育资源短缺、师资力量薄弱、学生辍学率高等问题比较突出。为了有效破解东乡县控辍保学问题，临夏州决定利用临夏市、永靖县、广河县等县市的优质教育资源，开办"东乡班"。把东乡县初中毕业生纳入州直高中统一招生范围，与临夏市学生享受同等招生政策，要求相关县市要做好学生安置就读工作。

从2019年秋季新学期伊始，来自东乡县锁南镇的东乡族女孩马昕奕和班上其他东乡籍同学一起，来到临夏中学（临夏州最好的中学）初中部初一（6）班学习。像她们一样，有500名东乡籍女生到临夏中学初中部和临夏市三中就读。其中，临夏市教育局和市第三中学接收了东乡县百和乡、东塬乡、关卜乡的136名小学毕业生、200名女生到临夏市三中就读；临夏中学共招收东乡县民族中学学生173名、临夏回民中学招收165名；永靖中学和永靖移民中学各招收50名东乡籍初中毕业生。

家住东乡县北岭乡巴苏池村的中学生王东国，原来就读于东乡县民族中学，2019年秋季开学时，他来到临夏中学高中部高二年级学习。"虽然数学和英语是我的短板，但我有信心学好这两门功课"，王东国坚定地说，"我一定要考上一所好大学，以后当一名光荣的人民教师，为振兴家乡的教育事业贡献自己的一份力量"。

针对东乡县教育发展滞后、办学条件差的问题，临夏州计划在东乡县沿洮河经济带新建、改扩建义务教育阶段学校7所（新建独立初中1所、完全小学2所，改扩建独立初中1所、完全小学3所），新建独立高中1所；针对临夏市义务教育择校热、大班额等问题，计划在临夏中学旧校址创办1所初级中学，在州委党校旧址、州农校旧址和临夏师范附小新建义务教育学校3所,并计划两年内规划新建幼儿园15所,新建、改扩建小学7所、新建初中2所、中职学校1所,全面改善临夏市各级各类学校办学条件,有效缓解"入学难""入园难"等问题。

为进一步调整高中教育布局,优化教育资源配置,提升普通高中办学水平,临夏州委、州政府决定在临夏市南龙镇罗家湾村新建临夏河州中学(暂定名)。项目建成后,将大幅减轻临夏中学和临夏回民中学的办学压力,解决东乡县部分高中学生接受优质教育的需求。

随着控辍保学取得成效,加之义务教育阶段学生大幅增长,教育基础设施和师资力量越显吃紧,教育需求与供给矛盾逐渐显现出来。每到新生入学的时候,公办幼儿园"一位难求",临夏市城区小学"挤破头",各族群众对此反映强烈。基于这样的现状,州委、州政府向全州人民庄严承诺:"一切利益都要为教育让路""所有部门都要为教育基础设施建设开辟绿色通道",让每一个家庭不再为"入园""上学"等问题揪心。

2019年,临夏州依托"两州一县"教育扶贫项目、义务教育阶段薄弱学校能力提升项目、幼儿园建设项目、省政府为民办学校教师周转宿舍建设项目、"温暖工程"等项目,整合投入资金15亿元,用于新建改扩建各类学校,全面改善各级各类学校办学条件,共新建改扩建各级各类学校355所,其中,实施寄宿制学校建设项目21个、教育信息化项目88个。仅2019年秋季开学投入使用的就有237所,新增入学名额15000个。根据教育部门测算,这些学校投入运行后,基本解决了"入园难""入学难""大班额"等突出问题。

临夏市是临夏州的首府和中心城市,虽然已经脱贫摘帽,有着较好的教育资源,但是由于城镇化和城市人口增长带来的入学难、入园难问题近几年越来越突出。为了切实破解这些问题,2019—2020年临夏市规划总投资3.1亿元,实施24个教育基础建设项目，新建中学 2 所，小学 7 所，幼儿园 15 所，利用新建、改扩建校舍增加学位，利用新建校园分流学生、幼儿，调整招生区域，满足本市及周边地区适龄儿童入学、入园的需求。

在临夏市红园路，有一栋崭新的教学楼格外引人注目，"红园路中心小学"几个大字在冬日的暖阳下熠熠生辉。2019 年秋季学期开始，在原临夏州中医院旧址建成的新华小学教育集团分校红园路小学就正式投入使用，学校建有综合教学楼和艺术楼，有 36 个教室、20 个功能室，设有图书室、微机室、科学实验室等，硬件设施齐全。另外，学校还建设了地下车库，方便家长接送孩子。"学校修得真漂亮，真心为政府点赞，我的孩子也已经在这所新学校上了一个学期的课，作为一名学生家长，幸福感满满的"，前来接孩子放学的家长王女士满意地说。

教育大计，教师为本。"国将兴，必尊师而重傅。"一个地方教育事业的振兴和发展，离不开一支数量充足、结构合理、师德优良、业务精湛的教师队伍。中华人民共和国成立后，临夏州把发展教育作为挖穷根的治本之策，不懈努力、艰苦奋斗，推动临夏教育事业迈入新的发展阶段。

虽然进步是巨大的，但是作为"三区三州"深度贫困地区之一，临夏州教育长期以来积累下来的问题依然存在，教育水平落后、人才短缺、人才流失等问题长期困扰临夏州教育事业的发展。为了破解这一难题，临夏州着眼于人才难引进、留不住的现状，经过深入调研、广泛征求意见，2019 年以来争取招聘名额，共考录教师 2900 多名，极大地改善了教育师资力量。

23 岁的马小平就是临夏州引进急需紧缺人才中的一员，毕业于北京师范大学的他，现在已经成了临夏回民中学的一名化学老师。"我是免费师范生，在校期间学的是化学专业，这项政策给了我一个机会和平台，让我在回报家乡的同时实现了自己的人生价值"，马小平说。

像马小平这样的老师还有很多,这些新招聘的教师,在有效改善全州学校师资总量不足、结构不合理等问题的同时,也为临夏州教育发展注入了新鲜活力。

宋成龙是新建学校——临夏师范附小新选派的校长。他在教育第一线扎根了整整19年,曾在新华教育集团担任了8年的副校长,有着丰富的教育阅历和治校经验。为了加强校长队伍建设,有着5年的基层学校管理经验的马艳春被调到临夏市前河沿小学当校长。"一个好校长就是一所好学校""一批好教师成就一所好学校"。校长队伍建设的进一步优化、教师县域内交流,将有效缩小城乡、校级差距,促进教育更加公平、均衡、优质发展,也势必为每一个学校带来无限的可能。

教育兴,则民族兴。教育强,则临夏强。教育作为关乎国家和民族未来的战略性民生事业,容不得等一等、缓一缓的思想。脱贫先要解决温饱,其次就是教育,只有教育脱贫了,临夏及各族人民的小康和现代化才有希望。

(二)健康扶贫斩断"因病返贫"的根源

疾病是悬在贫困群众头顶的达摩克利斯之剑。因病致贫、因病返贫是长期困扰贫困户脱贫的难题。临夏州作为国家脱贫攻坚重点扶持的"三区三州"之一,到2018年年初,全州仍有贫困人口26.01万人,其中因病致贫返贫人口约占8%。2018年临夏州把健康扶贫工作作为推进精准扶贫精准脱贫、落实"两不愁三保障"要求的重要内容和解决群众因病致贫返贫问题的关键举措,努力让贫困群众"看得起病""看得上病""看得好病"。同时,加大健康教育力度,让贫困群众提高健康知识水平和健康意识,少生病,推进健康扶贫工作。

围绕解决"看得起病"的问题,临夏州从最基础的参保工作做起,组织乡村干部和帮扶干部逐户宣传健康扶贫政策,动员群众积极参加基本医疗保险，全州69.73万建档立卡贫困人口基本医疗保险实现全覆盖，参保率达到100%，落实贫困人口参保缴费资助7279.85万元、住院费用救助6212万元、大病保险报销11445万元，全面落实贫困人口基本医保、大病保险、医疗救助保障政策，住院平均报销比例达到85%以上。

马木海麦是临夏县路盘乡牟家村的建档立卡贫困户，他患有肝病，在家人陪同下到临夏州人民医院住院治疗了两次。帮他办理报销手续的哥哥表示，目前的医保政策，极大地减少了贫困户的负担。他说："弟弟马木海麦是精准扶贫户，得的病是肝硬化，住院押金一毛都没收，第一次住院大概一万元左右，个人负担了1000多元，大概报了85%，这给家庭减轻了很大的负担。"对于边缘户，为了防止出现新的因病致贫人口，临夏州扩大医保工作范围，开展其他未参保群众的动员参保工作，全州城乡居民基本医疗参保率提高到95.04%，让基本医疗这项普惠性政策最大限度地起到了助贫防贫、兜底惠民的效应。①

自2018年6月1日起，像马木海麦一样的建档立卡贫困户都可以享受这种"先诊疗后付费一站式结报"的医保新政策，贫困户在各级定点医疗机构就诊全部免收押金、不设起付线和一站式结报，确保贫困人口合规住院费用实际补偿比例不低于85%。同时，保证贫困人口个人自付合规费用经基本医疗和大病保险报销后，一年内累计超过3000元的部分，由民政兜底全部解决。除了这一兜底政策之外，临夏州还采取大病集中救治和慢病签约管理等健康扶贫的举措。

---

① 刘诗楠：《"中国纪实2018"甘肃临夏州多措并举推进健康扶贫工作》，国际在线网，http://news.cri.cn/20181102/bad278dd-55c9-4b91-2b42-a1125fb2a98d.html，2018年11月2日。

围绕"看得上病",临夏州精准制定"一人一策"健康帮扶措施。首先,组织2500多名卫生员,历时40天,对全州26万多建档立卡贫困人口进行了调查摸底,共排查出因病致贫返贫人口2.1万人,他们的个人情况被全部录入健康甘肃APP数据库进行动态管理。其次,针对因病致贫的建档立卡贫困户因病致贫返贫问题,开展"组团式"帮扶工作,从州级3家医院抽调40名医疗专家和主治医师,由86名省级专家带队,包贫困户、包建档立卡贫困人口,组建省、州、县、乡、村五级家庭医生签约服务团队,建立专病专家、家庭医生、患者的信息库和服务微信群,按照重大疾病、慢性病、常见病多发病和有病看不了、看病就医难等实际问题,为全州24.1万建档立卡贫困人口有针对性地制定签约服务包,提供个性化、全方位、免费的家庭医生签约服务,为1.8万名患病贫困人口制定落实"一人一策""一病一方"帮扶措施,建立完善"送医上门""送人就医""靶向治疗"工作机制,努力让贫困群众看得上病、看得好病。

临夏州卫计委宣教科科长苏逢春介绍说:"针对患病贫困人口,我们建立了'一人一策'的台账。由省、州、县、乡、村五级医生和健康专干6个人,为病患服务,建立微信群,下面有什么东西发上去,让省、州专家给断定一下,给你开处方、饮食、锻炼、吃药,全部建立单子,然后由健康专干负责经常提醒一下。"

按照"一人一策"的签约式帮扶计划,临夏州医院骨科医生包学文成为了东乡族自治县车家湾乡近4000人的健康帮扶对接专家,主要负责联系其中50种大病的患者。包学文医生说:"我的手机号码就贴在他们家墙上,都是24小时开机,病人有什么突发症状,药物上或者治疗上有什么不懂的,随时都可以向我咨询,如果属于我的专业的问题我就直接给他解决,不是我专业的问题,我们州医院还有一个微信群,我把病情发到群上,其他医生马上给我解答,我就给病人转达。"

如果病人需要到省、州级的医院住院治疗,相关的转诊、挂号手续,由各级帮扶医生协调完成,从而彻底打消了贫困户看病难、看病贵的顾虑。包学文说:"贫困户来我们这里住院,需要的相关转诊手续不用他自己去跑,是我联系县医院的大夫,他来的时候我在手机微信上跟他先说了,你拿上身份证或者户口本,你也不用拿太多的钱,也不用担心找不到人和大夫,是我们帮你找,你不用管。"

除了"一人一策"的签约式帮扶和全面落实贫困人口"先诊疗后付费""一站式"结报制度等"软性"措施外,为了解决贫困群众"看得上病"的问题,临夏州加大对基础医疗资源的投入,到2019年完成123个乡镇卫生院、999个村卫生室标准化建设,为乡镇卫生院配备DR、彩超等基本医疗设备318台,新招录医技人员902名,实现了每个乡镇卫生院至少有1名全科医生、每个行政村有1名合格村医的目标。

围绕解决"看得好病"的问题,临夏州加强县级医疗机构的能力建设。2018年以来,甘肃省人民医院、甘肃省中医药大学附属医院等省级8家三甲医院分别在全州8县市医院挂牌成立分院,并派出41名县级医院所急需的医疗专家常住坐诊县级医院。与此同时,全州县级医院公开引进医疗急需紧缺人才152名,培训医技人员5819人次。这些措施大大增强了县级医院的实力。正是有了这一系列的健康帮扶措施,许多本已放弃治疗的重症患者,重新走上了求医、康复的道路。

在为贫困人口解决看病难、看病贵的问题的同时,临夏州有意识地加大健康指导和健康教育宣讲的力度,旨在从源头上、意识上和生活习惯上减少因病致贫。为此,围绕"少生病",全州深入开展健康教育和扶贫政策宣讲,成立了由57名副主任医师以上技术职称人员组成的健康科普专家库,组建了由8家州直各医疗卫生单位组成的健康科普"百千万"巡讲小分队,赴各县市、各单位巡回开展健康科普宣传活动。仅2019年州级共开展健康科普知识讲座28场（次），覆盖1.42万人；各县（市）开展健康讲座339场（次），覆盖7.36万人。

乔明蕊是临夏市南龙镇杨家村卫生所医生，她的一项重要工作就是健康知识宣讲，通过她的努力，当地一些村民已经有了"无病早防、有病早治"的意识。乔明蕊说："我每天闲的时候就进他们家，给他们讲解，给他们健康指导、健康宣教、预防保健，还有孕产妇，要做档案。以前他们没有那种意识，他们就害怕小孩受疼，就不打疫苗。我就每次见小孩，就给他们说，要把疫苗按时打上，这个疫苗如果现在不打，要是以后得病了，治都治不了。然后他们就感觉这个还是比较好的，就按时间过来打。"

基层用药安全保障行动和清理医疗环境也是群众基本医疗保障的内容之一。临夏州组织食药监、综合监督执法局等职能部门，开展以农村、城乡接合部为重点区域，以乡镇卫生院、村卫生室、个体诊所和零售药店等为重点的药品经营使用执法大检查行动，对各级医疗机构的过期、霉变等存在质量安全的药品进行全面清理，2019年全州共销毁过期、霉变等药品536箱（盒、剂），杜绝了过期药品和霉变、虫蛀、污染的中药饮片进入药品市场，消除了农村地区群众用药安全隐患。另外，围绕"医疗环境"，针对群众反映强烈的医疗欺诈、过度医疗、骗保套保等问题，全面开展卫生医疗系统行风整治行动，动真碰硬、依法查处6家民营医院违法经营问题，刹住了医疗领域的乱象，保障了贫困群众看病就医的权益。

临夏州所实施的一系列健康扶贫措施，切实减轻了当地贫困人口的医疗费用负担，为贫困群众"看得起病""看得好病""看得上病""防得住病"提供了坚实的政策保障，提高了贫困群众的获得感，为打赢脱贫攻坚战打下了坚实的基础。

（三）住房、饮水、交通三管齐下筑牢扶贫脱贫的根基

1. 住房保障让贫困户实现了安居梦

改善居住条件，是精准脱贫、精准扶贫的主要目标，也是"两不愁三保障"的主要内容之一。长期以来，临夏州贫困人口居住条件十分简陋。贫困程度越深的地方，村民居住条件越差。

2013年之前，布楞沟村是东乡县高山乡的一个贫困村。布楞沟，是东乡语"悬崖边"的意思。村民马麦志一家世代生活在这里，从他家的旧宅出来，直行不足30米，就是悬崖。这里的一道道悬崖峭壁，隔开的是布楞沟村民和外面的世界。当地一位官员回忆，曾有一位中央副部长途经东乡县时，看到建在陡峭山梁上的民房，不禁感慨：这里根本就不适合人居住！

布楞沟村有68户351人，全部为东乡族，人均耕地3.3亩。这里干旱少雨，两边大山寸草不生，满目尽是焦黄扎眼的黄土。从前，这里的"六难"（行路难，吃水难，住房难，就医难，上学难，增收难）远近皆知。其中行路难，即全村道路都为土路，又窄又陡，尘土盖过脚面，交通闭塞；吃水难，吃水往返30千米到洮河，人背畜驮；住房难，80%的群众居住的都是土坯危房或破旧窑洞。2013年2月3日，习近平总书记来到布楞沟村视察，临走时嘱托要把水引来，把路修通，把新农村建设好，让贫困群众尽早脱贫，过上小康生活。

六七年过去了，这里发生了翻天覆地的变化。用临夏州委书记郭鹤立的话说："习近平总书记视察过的东乡县布楞沟村已经整村脱贫，总书记嘱托的三件事全部实现。"2013年2月28日，布楞沟村安全饮水工程开工建设，4个月后清澈的自来水就流进了村民院落。"看着自来水哗哗地流，那感觉像是在做梦"，村党支部书记马占海说。

当年5月月底，长达20多千米的水泥硬化路，将布楞沟与大山外的世界连接起来，还一举解决了整个布楞沟流域6个乡镇、20多个村、2万多群众的出行难题。水引来了，路修通了，更重要的是，安全舒适的新房子也住上了，圆了多年未筹的"安居梦"。

"近年来，在中石化集团、厦门市和上级党委政府帮助支持下，布楞沟村建成村办公楼、卫生室和小学、幼儿园，还建成了易地搬迁安置点，56户村民全部搬进了崭新的砖瓦房"，时任东乡县委书记马生荣说，总书记当年的嘱托已经逐渐变成现实。

布楞沟村的马麦志家以前一直住在山坳里，房屋破旧，出行不便。2013年2月3日，习近平总书记来他家走"亲戚"，聊家常、揭面柜、进厨房、看羊圈，到门口集雨场看水窖、观水质、问水窖容量……问他一家人口粮够不够吃，低保有没有保证，看病有没有保障，孩子有没有上学……

就在2013年年底，布楞沟村建成了新农村56户，马麦志就住进了5间宽敞明亮的大房子，不仅没花一分钱，而且政府还给了他1万块钱，让他添置家具。如今走进布楞沟村，漂亮的新农村院落整洁有序，清澈的自来水流进了农家院落，村小学新建的两层教学楼成了村里最亮丽的风景。

在积石山县，曾经因贫困在全县出了名的刘集乡河崖村，经过精准扶贫和精准脱贫，现在已经成为一个脱贫致富的样板村。新建成的"六位一体"广场宽敞整洁，一栋栋改造后的庭院错落有致，一条条水泥路通到家家户户。这些年全村通过"特色产业+技能培训+安全住房+扶德扶志+村容整洁"的精准扶贫工作模式，突出"三基两技一房一产业"，基础设施和住房改善等取得很大成绩。2017年全村农民可支配收入达到3773元，贫困面下降到7.16%，已成为全县精准脱贫的样板村。

村民樊世海家现在住在政府统一搬迁的新房里，新房子是一砖到顶的瓦房，宽敞明亮，宽2.5米的红色大门方便农机具进出，还显得很有排场。他说："我家原前在山上，用石头砌的墙、白杨木盖的房，年久失修，并且交通不便，孩子上学很远。政府号召我们搬迁下来，解决了4万元，我又凑了点钱。最近搬到了新家，现在离学校近了，交通方便多了。"

河崖村根据村民实际居住情况，对村民分类进行了安置。一是实施易地扶贫搬迁2处，像樊世海一样的100户群众入住了新房。二是实施危房改造项目全覆盖，改造危房100户。村里的樊尕英和他的老伴已经80多岁了，家中的房屋是D级危房，没法居住，经过乡上包村组长的动员，给他们盖了三间房子，消除了他们的后顾之忧。

河崖村三社的樊五女说："乡上给了我们11500元钱，让我们改造危房，我们已经住进了新房。感谢政府给我们的关怀和帮助。"

村民樊世田一家有8口人，生活相当困难，仅有的8间土坯房，不但不够住，下雨时屋里还漏雨，交通条件也不好。现在他们一家都搬进了新盖的瓦房，宽敞明亮，而且离学校很近，道路硬化到了家门口，他心里十分高兴。

据村里负责人介绍，河崖村坚持把改善基础条件作为精准扶贫的当务之急，积极破解农村发展瓶颈问题，整合各种资源，投资240万元新建了集便民服务中心、文化广场、卫生室、文化室、超市、日间照料中心为一体的"六位一体"广场；对全村27.3千米村巷道进行硬化，实现了水泥硬化路全覆盖；埋设自来水管道7.6千米；建成了村幼儿园，解决了幼儿入园难的问题。通过一系列工程，村里的基础设施得到了改善。

阳山村是积石山县柳沟乡一个干旱的贫困村，8个自然社，327户人家，零零散散分布在山里头。上县城，通二级公路，8千米行程，不过一顿饭时间；进村里，走羊肠小道，山高坡陡，一路得歇好几回脚。村里山地为主，一块块耕地好似"挂"在山坡上,"搭"在山梁上,跑土跑水,支离破碎。村民住着低矮破旧的土坯房,村小学校舍虽是"大瓦房",但年久失修漏风漏雨,村办公场所用房也是破旧的"塌塌房"。全村1678口人,人均0.8亩耕地,且都是山旱地,草包庄稼,广种薄收,遇到干旱年景甚至绝收。地不养人,生计逼人。村民无奈外出打工,可大多没技术,就业门路窄,挣不到多少钱。长期以来,贫困的阴影深深地笼罩着阳山村,穷苦的日子纠缠着阳山人。2013年全村仍有贫困户225户1029人,贫困面高达61.32%。贫困人口中,既有低保户,又有缺资金、缺劳力、缺技术的"三缺户",还有因病因灾返贫户。

2013年4月,国务院副总理汪洋来到阳山村及刘集乡肖家村和关家川乡芦家庄村视察贫困情况,询问村民收入支出、外出务工、上学看病等情况,面对面听取村民群众的诉求,与大家一起商量解决办法。汪洋强调,要充分认识推进扶贫开发的重要性、紧迫性、艰巨性和长期性,采取有针对性的帮扶措施,切实提高扶贫成效。

自2013年以来,阳山村每年都在发生着天翻地覆的变化,危旧房改造覆盖面100%,自来水入户率100%,水泥路通户率100%,适龄学生入学率100%,贫困面下降到0.5%,人均可支配收入增长到5220元。仅2015年一年中,阳山村实施危房改造153户,其中包括无能力建房户7户。农村危房改造项目的实施不仅改善了人居环境,更激发了老百姓脱贫致富奔小康的信心和决心。只2013—2017年4年时间,阳山村便从一个名不见经传的小山村成为全省小康示范村。

康乐县将农村危房改造项目作为精准扶贫的重点,严格按照"住房最危险、经济最贫困"的基本原则,做好农村贫困户危房改造,着力保障全县农村困难群众住房安全。2015年实施农村危房改造3000户。

马由素夫是康乐县康丰乡何家沟村四社村民,家住何家沟山上,独自一人赡养着 80 多岁的老母亲,现寄居在二弟家里。由于他原先的住房属于危房,家里又缺劳力,家境贫寒,在精准扶贫、精准脱贫中,村里把他们确定为 D 级危房无自建能力特困户,纳入农村危房改造项目帮扶计划,采取县内企业包建的方式,每户按 3 间房共 49.5 平方米修建,每户补助 35000 元,不足部分由包建企业帮扶解决,彻底解决了特困户建房难的问题。马由素夫高兴地说:"多亏了精准扶贫好政策,帮我修了房子,帮我们山区的群众住上了安全舒坦的新房子。"

到 2019 年,临夏州坚持"不落一户、全面清零"的目标,综合采取乡村排查、州县核查、省厅包县督导、第三方鉴定的方式,对各市县所有农户住房进行了 3 轮次全覆盖筛查摸底,按照应改尽改的要求,全面完成 3488 户 4 类重点对象和冲刺清零新筛查 1551 户危房改造任务,并通过省州县三级验收,对全州 36.9 万农户住房全部进行了安全鉴定,农村居住危房实现彻底清零。坚持精准认定对象和分级分类补助,严把安全够用的面积标准,对 4 类重点对象户均补助 2.5 万元,其他农户危房户均补助 1 万元,无能力建房户兜底解决,对附属用房危房通过适当补助督促群众进行达标改造或拆除。

2. 饮水安全工程让农村贫困群众喝上自来水

饮水关乎着人民群众的健康和生活质量的提高。临夏是一个干旱缺水的地方,人均自产水资源低于全国和全省平均水平,群众饮水安全问题相当突出。民间很早就有这样的"花儿"传唱:

> 阳世上来了者活受罪,
> 干山的梁梁上没水;
> 尕鸡娃没叫者起来了,
> 一桶水背回者天亮了。

短短几句"花儿"道出了农村群众吃水的艰辛和不易。因为缺水，临夏干旱山区的人们对水的利用率极高：洗脸时接下的水，澄清了再用来饮牲口；偶尔洗一次衣服，就算是一种奢侈的享受。

然而，困难不止这些。近些年来，随着地下水位的逐年下降，以及水资源在区域和季节上的分布不均，全州有近一半的农村人口常年处于"干渴"的包围中，加之饮用水条件差、水质达不到卫生标准，还引发大骨节、甲状腺肿大等地方病的流行。

实施农村饮水安全工程，解决农村人口饮水难，让老百姓喝上安全水，是贫困群众最关心、最迫切的愿望，也成为临夏州委、州政府为民办实事的主要内容和落实惠民政策的具体措施。党的十八大以来，临夏州政府坚决贯彻党中央精神，把饮水安全列入精准扶贫、精准脱贫的重要内容，把尽快解决贫困群众，特别是最偏远的山区村社、供水最末端的群众饮水问题列入民生工程，多方争取支持，逐年加大投入，下决心解决从"龙头"到"源头"的饮水安全和供水稳定问题。

2010年前后，临夏州实施了广河县中南部、临夏县西北片和西北片延伸学校工程，东乡县董岭、临夏市南龙、康乐县东南部、积石山县北部五台峡、北部崔家峡和北部延伸学校工程，新建永靖县西山王台、康乐县线家湾、和政县红土沟、山城和世行贷款南片延伸学校工程。这些工程覆盖8县市干旱山区的14项农村饮水安全工程。其中，临夏县西北片、南区、北塬管网延伸和庙山等农村饮水安全工程解决了5.51万人的饮水安全问题，使全县自来水村级覆盖率提高到98%、入户率达到95%；积石山县北部农村饮水安全工程解决了吹麻滩等6个乡镇8.2万人的饮水安全问题；广河县中南部农村饮水安全工程使17.19万人受益。永靖西部山区王台农村饮水安全工程使8个乡镇、42个行政村、377个自然村、9262户、4.4万人吃上了干净、卫生的自来水，减少水源性疾病的发生，提高群众健康水平。

到 2019 年，临夏州投资 1.67 亿元全面建成东乡县车家湾、和政县中南部、永靖县三塬等 7 项农村安全饮水巩固提升工程，投资 2.98 亿元实施冬季冻管改造、末端管网延伸、老旧管网改造工程 22 项，对特别偏远、居住分散、管网难以覆盖的 655 户群众配备了水窖水净化设备，正在加快建设南阳渠提质增效及水系连通工程、临夏县石门滩水库、和政广河两县城乡供水小峡小牛圈水源保障工程，全州农村集中供水率、自来水普及率均达到 99%，集中解决了 1.12 万户 5.25 万人自来水入户问题，改善了 4.57 万户 22.82 万人供水不稳定问题，饮水安全问题得到全面解决。

2019 年 6 月 15 日，是一个特殊的日子，这一天，和政县马家堡镇团咀村村民马阿里有家里接通了自来水，告别了吃井水的历史。"我们用上了自来水，这是党和政府引来的幸福水！"马阿里有感激地说。他家的后院有一口井，几辈人吃的都是井水，虽然安装了太阳能热水器，但需要用桶提到房顶去加水，很不方便。自来水接通后，他把自来水接到了厨房，洗菜做饭方便多了，过段时间打算再把水管接到太阳能热水器上，以后再也不用提着水桶上房顶加水了。"我们只挖了自来水井，管子等都是县水务局提供并接通的"，他说。自来水接通后，他的老父亲将水尝了一遍又一遍，一个劲地感叹："这水真甜！"他和父亲泡了个盖碗茶，感觉"越喝越香"，他还感觉自从吃上了自来水，83 岁的老父亲吃饭都比以前多了。

3. 道路建设架起了贫困群众的脱贫路

"经济要发展，交通必先行"，交通是社会经济发展的基础，也是精准扶贫、精准脱贫的主要抓手。临夏州紧紧围绕脱贫攻坚重点任务，以加快国省干线升级改造为突破口，以农村公路建设为重点，以提升综合运输能力为目标，全面推进交通扶贫工作，不断改善农村运输条件，切实解决农民群众行路难、乘车难、运输难的问题，为脱贫攻坚提供坚实的运输保障。

从"想致富、先修路"到"公路通、百业兴"，临夏州以交通道路建设助力脱贫攻坚，加快了全州脱贫致富的步伐。

临夏州农村公路"线长面广"，占全州公路总里程比重高达78%，农村公路的发展对提高全州公路网的整体服务水平具有举足轻重的作用。为此，临夏州规划实施了240千米的旅游路、产业路、扶贫路项目。2018年完成新建旅游路、产业路、扶贫路113.4千米，完成"畅返不畅"整治工程164千米，县乡村农村公路安全生命防护工程31项357千米，改造农村公路危桥17座，完成自然村组道路807千米、主巷道硬化209千米，完成投资4.9亿元，着力解决服务群众"最后一公里"出行需求。各项交通扶贫任务和重点公路建设如火如荼，临夏双城至达里加高速公路、折红二级公路、康乐莲麓至积石山县大河家旅游扶贫大通道等一批项目加紧建设。到2018年年底，全州公路通车里程达6817千米，其中农村公路5351千米。临夏市、临夏县、广河县、和政县4个县市已通高速公路，永靖县通一级公路，康乐县、东乡县半小时内可上高速。全州124个乡镇均通了四级以上沥青（水泥）路，1149个行政村实现了全部通沥青（水泥）路目标。实现了乡、村两级全部通油路的目标。形成了以县城为中心，省道为骨架，县乡公路为支线，村道为脉络的交通网络，成为经济发展的大动脉，群众致富的金光大道。

东乡县是少数民族国列省扶重点贫困县，境内群山起伏，沟壑纵横，自然条件严酷，全县29万多群众分散居住在1750条梁峁和3083条沟壑中，人拉、肩扛、驴驮是主要的运输方式，群众出行难、农产品运输难是制约东乡县发展脱贫的"瓶颈"。虽然政府多次铺砂修路，拓宽人担畜驮的羊肠小道，但是道路狭窄，收购农产品的车辆依然进不来，而且一下雨，铺好的沙子又被雨水冲走了，年年铺沙年年不见砂，年年修路年年没路走，交通运输条件依旧非常差。

为了改变这一状况，2011年以来东乡县把农村公路建设作为扶贫攻坚的基础性、先导性工程和首要任务加以落实。但是东乡县特殊的地理位置和地理特征给当地农村公路建设添加了更多的困难：修路用的全部建筑材料都要从县外运进来，砂石料得拉，水泥也得拉，而且砂石料直接运不到现场，需要二次搬运，先用大车拉到山顶上，再用"三马子"（三轮农用机动车）一车车转运到村里，运费是川区的两倍，施工用水都要从几十千米外的洮河拉上来，使每千米修路成本提高到了77万元，这超额的资金从哪里来？建设材料如何运输？人工短缺怎么解决？面对一系列难题，东乡县政府和群众并没有犹豫和退缩，而是紧抓中央和省委、省政府关于支持集中连片贫困地区和民族地区"通乡路"建设的政策机遇，探索出了一条以国家扶持、地方为主、单位帮扶、资源整合、群众投劳为主要内容的农村公路建设新路子，克服了建筑材料匮乏、运输困难、施工用水缺乏、当地建筑技术人员缺少、资金不足等困难，利用3年时间硬化了190多条通乡通村水泥路，里程达到700多千米。

到2015年，全县24个乡镇全部通上了沥青（水泥）路，全县229个建制村公路通达率100%，其中156个建制村通上水泥硬化路，通畅率达83%。这对于山大沟深、自然条件艰苦的东乡族自治县算是一个奇迹。

水泥路通到了老百姓的家门口，大山深处的农牧产品源源不断地运到了四面八方，全县29万农民群众祖祖辈辈的通路梦想变成了现实，也增强了老百姓的致富信心。

东乡族自治县高山乡布楞沟村党支部书记马占海说："过去这里只有人和牛羊走的羊肠小道，三马子车要绕到山后的山底下，然后再慢慢地往上走……做梦也没想到今天能走上这么好的水泥路。现在路通了，老百姓家里小汽车也买了，拉饲料也方便多了，布楞沟村 68 户村民已经全部搬迁到了新农村，人均收入也从 2012 年的 1600 元增加到了 2900 元。"

村里的养殖大户马建英说："路通了，贷款养了 240 多只羊，年收入可实现 20 万元以上。"一个人富了不算富，全村人富了才是富，他表示要带领村里人大力发展养殖业。路通了，路宽了，路好走了，偏僻的山村与外表的世界才可以连成一片，人们可以自由走动，物资可以通达流通，脱贫致富的日子才会越走越近。

东乡县贫困群众用悠扬的"花儿"表达了村村通路带来的幸福和喜悦：

东乡的公路十八道弯，
山高着见了个蓝天，
阿哥们修下的路干散，
尕妹们走了个舒坦。

如今，来到临夏农村，一条条水泥路、柏油路通到了乡村，通到了村民的家门口，使百万农民走出了泥泞，告别了尘土飞扬的日子。一条条客运班线将城乡连在了一起，一辆辆客车货车加速了城乡人力物资的交流，方便了群众的生产生活，缩短了城乡差距，加快了脱贫致富的步伐。

（四）扶德扶志扶智交互融通 激发脱贫内生动力

"扶贫先扶德，以德润志，以志成学。"相比物质贫穷，精神贫穷问题更为严峻。开展脱贫攻坚战以来，党和政府在政策上、资金上加大了扶贫帮困的力度，一大批贫困户摘掉了贫困帽子，走上了致富路。但也有贫困户却因守旧观念和生活陋习以及存在"等靠要"依赖思想等原因，脱贫困难，甚至脱贫返贫。对于这些贫困户，单纯借助"输血式"的外部帮扶的做法，无法从根本上解决贫困问题。脱贫不仅要脱"经济"的"贫"，还要脱"精神"上的"贫"，需要扶德扶志扶智，以激发贫困户想脱贫、真脱贫、脱真贫的内生动力。

2015年6月，临夏市在精准扶贫调研中发现，部分贫困户不是因病、因学、因灾、因劳动能力弱等原因致贫，而是由于思想观念落后、子女不孝、家庭不睦等原因致贫返贫，个别群众不思进取、安于现状、不务正业、游手好闲等问题也是致贫返贫的重要成因。对于这些贫困户实施现行的精准扶贫、精准脱贫措施，单纯性给予发放种羊、扶贫贷款等物质帮扶，不仅见不到效益，反而会加深家庭或其他矛盾，造成扶贫资源浪费。对此，临夏市开创性地提出了"以德扶贫"的工作思路，率先提出并开展"扶德、扶志、扶能"的以德扶贫促进精准脱贫活动，通过教育引导、调解矛盾、就业倾斜和政府兜底等措施，帮助"失德致贫返贫"家庭彻底转变"等靠要"的思想观念，鼓励他们掌握一技之长，通过自身劳动增加收入，主动承担家庭和社会责任，实现立德脱贫。

白喜成的家在临夏市枹罕镇王坪村尕庄。多年前，妻子因家庭贫困离家出走时，他的大女儿7岁，小女儿只有4岁。当时已经71岁高龄的母亲，因儿媳的离开急火攻心，在剥苞谷时突发脑梗塞，一头栽倒在地上，自此半边身体偏瘫。上有生活无法自理的老母亲，下有年幼的孩子，地里没有相互帮衬的劳力，白喜成一个人里外难以兼顾，索性对"好日子"死了心，得过且过，越过越穷。

"这么多年来白喜成之所以一直安于现状，一方面是客观条件的限制，但更重要的是这个家一直缺少一份希望，缺少让他愿意为了以后的日子去努力打拼的动力。"经过多次沟通，王坪村的党支部书记李卓把精准扶贫的突破口投向了白喜成的两个女儿。白喜成的两个女儿一个 15 岁,在枹罕中学上初中,另一个 12 岁,在王坪小学读书,并且成绩不错。李卓经常上门为小女孩辅导功课,谈心聊天,并用自己的工资为孩子购置学习生活用具。长期生活在贫困家庭的孩子,在得到额外的关心和鼓励之后,变得更加努力。于是,关于小女儿在学校里的许多正面消息,被更多地反馈给了白喜成。白喜成的心渐渐地活络开了。他说道:"娃书念得好,说不定将来能有出息,我要是能好好供她上个大学,这辈子也算是有个名堂。"白喜成心境有了转变。于是,他主动找到李卓,希望能帮助解决 5 万元的扶贫贷款,帮他买一台旋耕机。"买旋耕机的要求是他自己提出来的,说明他确实开始有想法了。而且以他家里的实际情况,也根本没办法出门务工。买台旋耕机,农忙的时候就在附近的村子里揽些活,又增加收入,又不耽误照顾家里,确实是最符合他家庭情况的办法。"看到白喜成已经从思想上有所转变,李卓欣然应允,5 万元的扶贫贷款很快到位,白喜成自己想办法解决了尾款,买了一台旋耕机,开始在周边的村子里揽活。由于白喜成大部分时间都留在村里,2016 年春节过后,李卓又安排白喜成当上了村里的卫生保洁员,每个月可以领到 700 元的固定工资。2016 年,白喜成家里的年收入达到 1.8 万元左右。

像白喜成这样,通过改变思想、转变态度、化解矛盾、鼓舞信心,从而最终实现脱贫致富的人不在少数。临夏市对"因失德致贫返贫"贫困户分类建立台账,因户施策、因人施法,通过采取结对帮扶、上门说教、致富技能培训等一系列措施,全市"因失德致贫返贫"贫困户家庭成员思想观念普遍得到转变,精神面貌发生根本性变化,激发了自我发展的内在动力,依靠政府政策扶持和自我发展实现了稳步脱贫。到 2017 年年底"因失德致贫返贫"家庭中已有 374 户 1459 人实现了稳定脱贫,占"因失德致贫返贫"家庭户数的 86%。

马哈格是折桥镇慈王村的贫困户,2017 年 28 岁的他与 5 年前相比，有了很大变化。21岁那年，马哈格的父亲去世，留给他的只有一院破旧的土坯房和一家之主的重任。年轻的马哈格少不懂事，成家之后并未立业，一家5口人日子过得紧巴，家中除了1亩多玉米地经土地流转每月能收入1200元，全家都靠马哈格做运输车司机的薪水过活，可马哈格工作并不认真，三天打鱼两天晒网，平时闲逛的时间比工作的时间还多，本来就不多的工资也被拿去消遣娱乐，家中日子越过越艰难。"一年到头给家里拿不回几个钱，关键是不好好干，闲了就去打麻将。"妻子马热哈麦劝说丈夫多次，但始终改变不了他"得过且过"的心态，更无法改变家里"建档立卡贫困户"的现状。

为了帮助马哈格等脱贫内生动力不足的家庭早日脱贫，村两委和驻村工作队全力配合，安排每户"以德扶贫"家庭由一名包村领导、一名驻村工作队队员、一名村两委干部、一名社长、一名党员代表同时联系帮扶，从而形成"五位一体"的帮扶工作机制，落实帮扶责任到人。

2016年年底，在各级帮扶干部的反复劝说下，马哈格动心了，他申请了5万元的精准扶贫贷款，跟哥哥一起合买了一辆货车自己跑起了运输，开始往返临夏与兰州做蔬菜水果批发生意。"市委书记那么忙，还操心我一家子脱贫的事情，再不好好干，就说不过去了。"2016年以来，临夏市委书记曹正民三顾马哈格家，与村里的干部一起对他晓之以理，并将他家列入危旧房改造户，马哈格终于下决心凭自己的双手带家人摆脱贫困。2017年6月，三间崭新的砖混房屋在马哈格家院子西边盖了起来。看到了新变化的马哈格脱贫信心更足了，在帮扶单位的资助下，他拿出自己跑运输挣来的钱，又在院子东边盖了三间房，并把家里的大门、院墙翻修一新。"这一年跑下来，挣个5万块钱没问题。"告别破旧土坯房，住进新房子，让马哈格一家的精神面貌也发生了变化。"眼看着村里家家户户都在奔小康，我年纪轻轻的更不能拖后腿了！"村里人们都称赞说："现在小伙子的精神面貌不同了，有了干劲也有了动力，一年收入能达到四五万元。"

"以德扶贫"不仅帮助许多困难群众实现了脱贫致富，也带动了脱贫者参与帮扶行动，促进了"先富帮后富"的社会帮扶氛围。

枹罕镇后杨村的杨国庆，是建档立卡贫困户之一，通过发展家庭养殖脱贫了。2016年年初，杨国庆将2万元的现金送到了枹罕镇政府，希望用这些钱来帮助镇上的贫困留守儿童。"政府曾经帮助我脱了贫，我不能忘了这份恩情。现在临夏市实行'以德扶贫'，我也希望能出点力。"不仅如此，办了一家养殖场的杨国庆还主动邀请老邻居赵尕林到自家的养殖场工作。47岁的赵尕林也是后杨村的贫困户之一。与白喜成情况相似，他的妻子在14年前因为不堪忍受家庭贫困，和赵尕林离了婚。10年前，赵尕林又在外出务工时出了车祸，导致左腿留下残疾。生活无望又失去部分劳动能力的赵尕林从此一蹶不振，甚至开始酗酒，日子自然过得越来越差。赵尕林与父亲关系紧张不说，和17岁的女儿相处得也越来越尴尬。因为没有能力翻修老家房屋，赵尕林家里住的还是1985年修建的土坯房，房间又破旧空间又小，眼看女儿一天天长大，爷孙三代同住一屋，进进出出多有不便。"正好我的养殖场也需要人帮忙，我也想帮我的老邻居一把。他在我这里干，吃住之外每月给1600元的工资，风吹日晒都免了，也算稳当"，杨国庆说。

有了杨国庆的帮带，赵尕林的脱贫有了希望。镇政府工作人员在了解到房子成为赵尕林最大的心结之后，积极协调，最终帮他申请到了全额的危房改造资金，新建了住房。有了房子，又有了工作，赵尕林的脸上也有了久违的笑容。2016年年初，他向政府申请了5万元的扶贫贷款，全部以入股的形式投入了杨国庆的养殖场，等着年底分红。有工资、有分红，还住上了新房子，赵尕林实现了真脱贫。

对于有劳动能力的人，用"以德扶贫"的思路，扶起他们的志气和对幸福生活的向往；对于确实没有劳动能力的人，用民政兜底的方式，帮扶救助，帮助他们脱贫致富。临夏市"扶德、扶志、扶智"三管齐下的扶贫方式在实践中发挥了作用。

如果说扶德是扶道德、扶尊严、扶价值观，帮助和引导贫困群众挺起脱贫的腰板，使其精神富有，从而增强克服贫困的动力，扶志是帮助人们改变贫穷懒惰不主动、不思进取、"等靠要"的保守落后思想，那么，扶智则是帮助人们提高生产技术水平和业务素质能力，从而增强劳动致富的自信。

在"扶德""扶志"的同时，临夏市把教育扶智、技能扶智作为拔穷根、摘穷帽的治本之策，建立农村学校政策倾斜机制，建立健全贫困学生资助体系，2015—2017年，累计落实中职助学金、减免学费达1000万元以上，还通过在"雨露计划"及短期技能培训中设置月嫂、保安、家政服务、电工电焊、牛肉拉面等项目，免费开展劳动力职业技能培训，全市共举办各类精准扶贫培训班25期，受训结业的贫困户劳动力6000人次。[①]通过劳动职业技能培训，更多的贫困户获得了劳动技能，增强了就业自信和劳动致富的愿望。

张居儿是枹罕镇王坪村的贫困户。身患肝硬化的张居儿在村干部的协调帮助下成为牡丹基地负责人，有了一定的收入。他的小儿子通过王坪村与厦门市思明区签订的点对点劳务帮扶协议，也被送到厦门打工，每月收入近4000元。王坪村党支部书记李卓介绍说，临夏州与厦门市签订的帮扶协议，由政府出面联系工厂，结对帮扶，开展岗前技能培训，不仅让外出打工的村民们有了技能，找到了固定工作，而且经济收入可观，福

---

① 陈发明：《甘肃临夏：扶起"志"与"智"告别"等靠要"》，搜狐网，https://www.sohu.com/a/212974680_120702，2017年12月27日。

利也较好。

临夏市南龙镇张王家村村民王来玉曾经一直被村里人笑称为"懒汉"。大家怎么都不会想到,现在这个年轻人不但找到了工作,盖起了房子,还娶到了外村的媳妇。"没技术,到哪都是下苦力,累不说,还赚不到钱。"王来玉说,前些年,自己与年近70岁的父母一起守着家里的3亩玉米,宁肯闲得晒太阳,也不想走出去闯一闯。几年下来,家里破落不堪,自己也成了村里家喻户晓的"穷光棍儿"。

后来,村里组织群众参加市里的职业技能培训,王来玉听说学习半个月不但免学费,每天还能领100元钱,就凑热闹报了名。培训班上,不愿干重活的王来玉选了看起来最轻松的电焊工。拿到资格证书后,他试着去建在村里的汽车报废厂应聘,没想到一下子就被录用了。王来玉每天在厂里打工能赚80元钱,每年8个多月的工期,有2万多元的收入。有了工作,人也勤快了,思想也变了,王来玉不仅贷了扶贫贷款在自家地里种起了树苗,还想着解决自己的"终身大事"了。在亲戚的介绍下,外村的一位姑娘相中了他,终于在去年嫁进王家。如今,他家的堂屋里家电齐全,家具擦得亮闪,媳妇在家照顾老人,王来玉出去打工更安心了。今年,小两口盘算着攒点钱还完账,再把院子拾掇一下。

和政县在推进精准扶贫工作中,坚持扶贫与扶志扶智相结合,借助村民知情大会平台,采取"政策+典型"式的宣讲模式,让身边的人讲身边的事,用身边的事教育身边的人,让村民在潜移默化中受到教育和启发,汇聚起人居环境改善、传统美德发扬、脱贫攻坚的正能量。

和政县新庄乡何马家村斜道坡社村民王常英说:"以前我是一个泥瓦匠,收入也很低,家庭负担也很重,我参加了村民知情大会,参加了职校培训学习,拿到了木工证,工资也比以前高了,家庭负担也轻了,生活一天比一天好了。"

和政县除了通过村民知情大会集中向各类人群宣传国家各项惠民政策和村民自己的致富经验,还派出驻村工作队,精准对接各类村民,做到培训、就业、产业、劳务输转的各项政策精准衔接,给予需要帮助的群众更多的精神鼓励和信心支持。

"在我最失落的时候,扶贫干部多次鼓励我,并送来了技术指导和贷款政策,让我坚定了养殖的信心和决心",和政县新庄乡奋斗村上河社村民李鹏常念道。从刚开始的七八只羊到现在存栏100多只,李鹏在乡村两级干部、驻村工作队的帮助和鼓励下,做起了自己熟悉的养殖业。

李鹏说:"通过5万元的精准扶贫贷款,盖了一座暖棚、买了4只基础母羊,在这个基础上发展到现在的100多只,现在养殖效益也很好,家庭生活没有了压力,村上召开的村民知情大会和村干部驻村工作队的帮扶,无论从精神上还是资金上给了我很大的帮助和鼓励,今后打算加大养殖规模,把以后的生活过得越来越好。"李鹏用自己的勤劳双手和各项惠民政策支持,一步步地把养殖业做起来了,依托养殖业,他的家庭也在2015年实现了脱贫。

和政县把扶贫扶志作为脱贫攻坚的灵魂工程,用"扶贫扶志"这汪活水,引导贫困群众真正从思想上跳出"桎梏",从根本上跳出"困境",真正让扶志与扶智并举、扶贫与脱贫共进的主旋律成为脱贫攻坚这场硬仗中的利器。

人无德不立,国无德不兴。唯有对症下药、靶向治疗,将治德治愚与扶德扶智同步推进,补足贫困群众精神之"钙",才能从根本上斩断贫困的代际传递,变"要我脱贫"为"我要脱贫",才能彻底打赢脱贫攻坚战,全面建成小康社会。

八 临夏州扶贫的经验与临夏精神

（一）临夏州扶贫的经验

临夏州从一个贫穷落后的西北少数民族地区，经过70多年奋斗，特别是经过改革开放和党的十八大以来的精准扶贫、精准脱贫的不懈努力，经济社会发展、人民生活及城乡建设面貌发生了翻天覆地的变化，很难想象一个自然条件严酷、人民为生存备受煎熬的偏僻一隅，竟能如此之快地缩小与小康社会之间的距离，竟能与全国一道踏上实现社会主义现代化的征程。这一切，都源自党以人民为中心的新发展思想和治国战略，源于党带领全国各族人民实现共同富裕奔小康的伟大目标，也源自党在扶贫路上不能落下一个贫困家庭、丢下一个贫困群众的伟大胸怀。临夏州的扶贫脱贫是中国扶贫脱贫的一个缩影，也是二百多万临夏各族儿女勤劳奋斗、创新进取的生动写照。"中国脱贫看甘肃，甘肃脱贫看临夏，临夏脱贫看东乡"。临夏州脱贫的成功，是甘肃省脱贫的成功，也是中国脱贫攻坚的胜利。回顾总结临夏的脱贫历程，我们有这样一些经验和感受。

1. 坚持党的领导是临夏州脱贫攻坚取得胜利的核心原因

中国共产党领导是中国特色社会主义最本质的特征，是中国特色社会主义制度的最大优势。临夏州扶贫开发取得显著成效,原因是多方面的,但最根本的一条就是坚持党的全面领导。全州各级党组织始终不渝地遵循了党的各项路线方针政策,围绕扶贫抓党建、抓好党建促脱贫,通过体制机制创新,全面落实"党委统一领导、党政齐抓共管、部门各负其责"的扶贫工作领导机制,建立和完善"正向激励、约束惩戒、逢提必下"三项机制,进一步落实了各级党委政府抓脱贫攻坚的主体责任、行业部门的主管责任和各级干部的工作责任,明确了鲜明的用人导向、投入导向和改革导向,推动政策向扶贫倾斜、资金向扶贫聚集、项目向扶贫靠拢、力量向扶贫整合,形成了扶真贫、真扶贫、合力抓扶贫的工作格局,锻造了一支懂政策、懂经济、会管理、善沟通、干实事、干成事,能够带领贫困群众同甘共苦、脱贫致富的干部队伍,这是临夏州精准扶贫、精准脱贫取得决定性胜利的根本组织保证。

临夏脱贫攻坚取得胜利,离不开中央领导的亲切关怀,离不开国家部委和帮扶单位的对口扶持。2013年2月3日,中共中央总书记、中央军委主席习近平在党的十八大后的首次离京调研就来到甘肃,来到临夏州,来到东乡县,入工地、进农家、听民意、察民情,向东乡族人民表达美好的新春祝福,并嘱托"要把水引来,把路修通,把新农村建设好",鼓励乡亲们发扬自立自强精神,找准发展路子,苦干实干,改善生产生活条件,早日改变贫困面貌。中共中央政治局常委、全国政协主席汪洋先后3次来到临夏调研脱贫攻坚工作,看望慰问贫困群众和基层扶贫干部,听取基层干部对脱贫工作的意见建议。国务院扶贫办牵头组织17个国家部委和帮扶单位在京召开支持临夏扶贫的工作协调会。国家发展改革委就临夏需要解决的项目给予研究和解决。国台办、国侨办、国家地震局、中国银监会、中建公司、中国石化、南光集团公司、国家医保局8个中央定点单位全力帮助扶贫,发挥了很好的带动效应。在东西部扶贫协作中,厦门市从资金、项目、支医支教科技人才和输转劳务等方面，给予帮扶支持。这些都极大地推动临夏州脱贫攻坚取得巨大成就。

2. 产业扶贫是脱贫的重要抓手和长远之策

从"救急不救穷""授之以鱼不如授之以渔"的古训，到习近平总书记关于"产业扶贫是最直接、最有效的办法"等重要论述，再到临夏州各市县扶贫脱贫的实践，我们不难有这样的感受：只有依托产业，贫困群众才能获得稳定收入，摆脱贫困，奔向小康；只有发展产业，贫困地区才能根本上脱贫摘帽，获得长远发展。临夏州能够实现脱贫，关键就是把产业发展作为扶贫脱贫的根本出路和重要抓手，通过一村一业、一乡一业的产业发展思路，带动贫困群众挖掘潜力、发挥优势、共同奋斗、共享成果，建立起"产业促增收，增收促脱贫，脱贫促产业，产业促发展"的良性循环。

其成功做法是，坚持走宜农则农、宜工则工、宜商则商、宜旅游则旅游的原则，创新思路，效益至上，把地区优势发挥到极致。比如发挥牛羊养殖加工和经营的传统优势，通过"贫困户＋粮改饲""合作社（养殖场）＋贫困户＋粮改饲""饲草企业＋贫困户＋粮改饲"等方式，整区域推进"粮改饲"，使贫困户通过"粮改饲"项目增加收入。组织东乡县、积石山县等7个贫困县选择贫困村作为牛羊产业扶贫提升村，整体提升深度贫困村牛羊产业发展水平和贫困村农民合作社规范运行水平。扶持培育临夏市八坊清河源、康乐县康美集团等骨干企业，把"粮改饲"、牛羊养殖与牛羊肉食品加工等有机衔接，坚持走"规模化种养、标准化生产、精深化加工、品牌化营销"的全产业链发展之路，使种养加工各个环节协调发展，将不同群体收益最大化。把易地扶贫搬迁、改善居住条件与生态保护相结合，通过把扶贫车间建在村头或移民安置区，让搬迁村民转变为产业工人；通过搬迁退耕退草退林，恢复和改善生态。通过光伏产业让山头坡地"变土成金",让贫困村群众有了"铁杆庄稼"和固定收益。通过人文历史资源和自然生态资源的开发,让临夏八坊十三巷、和政松鸣岩—古动物化石地质公园、积石山大墩峡、黄河三峡、永靖黄河湿地和刘家峡恐龙国家地质公园等成为新的旅游景区,让文化旅游、观光旅游、文体休闲旅游成为脱贫致富的新产业。

临夏州产业扶贫之路方向准,步子实,贯彻了因地制宜、因势利导,挖掘潜力,彰显优势,走规模化、标准化、精深化、品牌化路子的原则,使有限资源效用最大化,使群众收益最大化,这样的产业扶贫之路才是最有效、可持续的。

3. 构建多种模式共同发力的扶贫体系

扶贫是系统工程,只有各个环节相互配套,才能形成联动效应。临夏州扶贫得以顺利开展,取得巨大成就,原因在于用好用足各类扶贫政策,让各类扶贫模式相互衔接,有序联动,发挥整体效应。产业扶贫中,"粮改饲"与牛羊养殖和加工相互衔接,形成订单式饲料种植、分散养殖与集中加工、统一销售相结合的种养加工销售一条龙产业链体系,增强了盈利能力和抗风险能力,把产业收益最大化,保证了种养贫困户的收益,促进了脱贫。把东西协作扶贫和中央单位定点帮扶,就业扶贫与劳务输转,扶贫车间与易地扶贫搬迁,产业扶贫与金融扶贫等相结合,形成相互促进、相互带动的扶贫联动体系,为剩余劳动力外出务工提供了就业机会,为易地扶贫搬迁户提供了就近工作的岗位,为贫困群众创业提供了资金,从而形成连续的、首尾相接、互相继起的有效循环,化解了扶贫脱贫中的就业矛盾、资金矛盾。电商模式与扶贫车间的有机结合,将现代化互联网营销手段与临夏人善于经商的优势和诚实守信、精益求精的工匠精神相结合,使电商扶贫车间越做越红火,成为带领群众脱贫致富的有效载体。

4. 扶德扶志扶智三管齐下激活内生动力

激发内生动力是扶贫脱贫的关键。临夏人民有着中华民族勤劳勇敢的特质，也有着西北人憨厚踏实、吃苦上进、敢拼敢闯的优点。只要引导鼓励扶持，他们就会靠自己的辛勤双手创建自己的幸福生活。临夏州扶贫脱贫之所以能取得成功，是因为中央各项政策发挥了巨大的作用，而政策之所以能发挥出应有的或者成倍的效应，正是因为临夏贫困群众的内在动力和潜质被最大限度地激活了。扶德是把被贫困挤走的尊老爱幼的家庭美德、勤能补拙的劳动美德、勤俭持家的生活美德、自立自强的个人美德等重新树立起来；扶志是将被贫困挫败的意志重新唤醒，重新树立劳动光荣、勤能致富、自强不息的价值观和人生观，树立起自信、自尊、自强的品格；扶智则是立足教育培训，让贫困群众获得知识和技术，增强谋生技能，开眼看世界，动手搞创业，通过劳动摆脱贫困，通过创业发家致富。临夏州各市县在脱贫攻坚中克服自然条件严酷的不利因素，在充分做好物质扶贫的同时，注重激发贫困群众内生动力，在快速实现物质脱贫的基础上，推动精神脱贫，把被脱贫转变成主动脱贫，把"要我脱贫""等着脱贫""靠着墙根晒太阳，等着干部送小康"变成"我要脱贫"，从而形成"脱贫—致富—带动"的良性联动机制，使脱贫致富变成长期的持续的行为和追求。特别是临夏市，扶德扶志扶智三管齐下，让物质上困难、精神上颓废的"双贫困"群体得到扶持和激励，重建自信，重拾信心，重树志向，重燃希望，把精准扶贫、精准脱贫的政策和物质帮扶用足用好，实现真脱贫、脱真贫。

5. 建立拔除穷根的长效机制

精准扶贫、精准脱贫是阶段性工程，治理贫困则是长期性任务。临夏州在抓好脱贫攻坚、力争按期高质量完成2020年贫困人口全部脱贫和全面实现小康目标的同时，致力于减贫治贫长效机制的构建，始终把全民教育放在重要的战略地位加以强化和落实。教育是一个民族兴盛的基础，也是一个国家长期发展的依靠。教育落后也是致贫返贫的主要原因。临夏州长期以来的贫穷落后，教育落后就是主要原因之一。临夏州委、州政府认识到了教育的重要性，把教育上升为长期性战略，不断加强经费投入、基础设施建设和人才队伍建设。同时，开创性地在全国较早实行15年免费教育，将9年免费义务教育延长至12年，不让孩子们因贫困而失去接受更多更高级教育的权利和机会。大力推进教育资源均等化，扩大幼儿园、小学、初中等学校建设，提高招生容量；把东乡县等贫困地区的学生有序安排到临夏州市县的重点中学接受优质教育，从抓好基础教育、培养好下一代的战略高度，彻底斩断贫困的代际传递。另外，把提升贫困家庭劳动力技能水平和就业创业能力作为脱贫攻坚的重中之重，大力实施扶贫"雨露计划"，鼓励能人带动外出务工，围绕市场需求和劳动者意愿实施精准培训，实现有培训意愿和劳动能力的贫困户培训全覆盖，帮助贫困群众学知识、长技能、开眼界、拓思想，拔除穷根。

（二）扶贫脱贫实践中的临夏精神

精准扶贫、精准脱贫是一场人与大自然抗争、改造生存环境的斗争，也是人自我改造、思想和精神世界不断提升拓展的过程。有着帮扶者的战略设计和实践行动，也有脱贫者的自我感化和跟随参与。如果说脱贫攻坚是一场战役，那胜利属于引领者也属于追随者，他们共同的思想碰撞和精神感召以及他们在实践中的交互作用，逐渐凝聚了一种共同的认知和信仰，而这就成为新时代引领临夏人民实现小康和奔向现代化的思想灯塔——"临夏精神"。

有人曾这样描述临夏人的特质："临夏人就像黄土层出土的彩陶，他们身上既有昆仑山脉的骨质，又有黄土高原的质朴，还有黄河的奔放；他们既有农民的质朴，又有牧人的厚道，还有商人的智慧。既保持了自己传统，又吸纳了现代文明的精髓。他们就像小草一样，只要有生命存活的条件，就顽强的生根发芽。"

临夏人在精准扶贫、精准脱贫的实践斗争中，无论扶贫干部还是脱贫群众，都彰显了临夏人的特质，而且使这种特质浴火升华、淬火锻炼，凝聚成新时代的临夏精神。

这种精神是一种化身为骨骼、流淌于血液的亘古不变的爱国爱党爱家乡的精神，如连绵昆仑巍然屹立，如黄土高原承载万物生灵，如黄河奔腾不息滋养大地。

这种精神是一种汇聚农耕文化、游牧文化与商业文化之精髓的合体，是团结奋进创一流的精神。这种精神既有农耕文化的朴实勤劳、踏实可靠，有着游牧文化的豁达厚道、重情重义，也有着商业文化的机智玲珑、简洁重效。这种精神不是三种文化的简单杂合，而是你中有我、我中有你的整体。正是有了这种精神的支撑，临夏贫困群众才在严酷的自然环境中默默坚守，心怀一份对美好生活的憧憬和执着，守望相助，互通有无，各取所需，追逐着希望，编织着生活。有了这份精神，临夏人各自钻研业务，尽其所有，努力付出，把最好的自己钉在自己的事业上，追求最好的"收成"。这是一种不畏艰苦、不怕困苦、敢于吃苦的"三苦精神"，也是一种不甘现状、勇于进取的"争先精神"，更是一种敢为人先、争创一流的"拼搏精神"。这种精神与"人一之，我十之；人十之，我百之"的甘肃精神相互吻合，体现了陇人风貌和陇人特质，闪耀着千百年来中华民族无农不稳、无商不活、无工不坚的古老智慧。

有了这份精神的引领，临夏州能够用好用足中央政策，全身心地投入扶贫攻坚，取得巨大成绩。有了这份精神的支撑，各级干部忘我工作，融入群众，同甘共苦，倾其全部为贫困群众想办法、出主意，鼓劲打气，带领群众一起脱真贫，直到真脱贫。有了这份精神的滋养，临夏贫困群众不惧吃苦，不甘落后，转变思想，与穷抗争，宜农则农，宜商则商，宜工则工，倾其全部投入实业，抓住机遇，踏实肯干，脱贫致富。农文化的踏实、商文化的顺势应变以及牧业文化的厚道友善，是这份精神的精髓，有了这份精神的引领、支撑和滋养，临夏各族干部群众将不再被贫困消磨掉追求美好的意志，不再被高山遮住开放的双眼，也不再被小富即安的满足止住前进的步伐，在党中央领导下，临夏各族干部群众将阔步奔向下一个实现社会主义现代化的宏伟目标。

（三）临夏州扶贫的国际反贫困意义

从国际视野、全球减贫的视角看，中国在40年的时间里，实现了人类历史上最大规模的减贫。联合国开发计划署2015年发布的《联合国千年发展目标报告》明确指出，"中国在全球减贫中发挥了核心作用"。中国减贫事业也为发展中国家甚至整个世界提供了一种可资借鉴的模式。中国模式必将成为中国和广大发展中国家的共同精神财富。为了共建一个没有贫困、共同发展的人类命运共同体，共建一个远离贫困、共同繁荣的世界，共同营造人人免于匮乏、获得发展、享有尊严的光明前景，推动建立以合作共赢为核心的新型国际减贫交流合作关系，临夏扶贫模式与临夏扶贫经验为全球减贫事业提供了中国元素，贡献了中国智慧，分享了中国经验，已经做出并且必将继续做出自己应有的贡献。

一是追求美好生活是人民共同的愿望，只要给予帮助和鼓励，人们能够战胜贫困，过上美好的生活。临夏州的贫困更多的是源于自然环境的限制。比如沟壑纵深，干旱少雨的东乡县，人畜饮水，植被（庄稼和草木）生长，与外界的信息沟通与物资交流，等等，都严重受到自然环境的制约，生存已经非常艰难，不可能有所发展进步。但是，如果给予必要的帮助，比如易地扶贫搬迁，把分散居住的人们聚集到适宜生活生产的河川平地，生存环境就会得到极大的改善，人们生存不仅能够得到保证，还可以通过生产活动得到更多的收获，增加与外界的沟通交流，获得较快的发展。也就是说，对于遭受自然条件困扰的群众，只要给予能够改变环境的帮助和支持，就能使他们本来就有的生存努力加倍换回更多的报酬，也能够使他们获得更多的激励，增加更多的信心，激发出内心更多积极向好的愿望和原动力，步入"努力—收获—再努力—再收获"的循环。临夏州东乡县、临夏县、积石山县处于极度贫困状态的群众，能够在易地扶贫搬迁后改变生活状态，充分说明只要换个地方，改变原有生存环境，就能改变人们的生活生产条件，从而也能改变人们的思想，燃起他们对美好生活的希望，激发出他们的内生动力，使他们通过辛勤劳动过上更美好的生活。

二是改善基础设施，改善贫困群众的生活和生产条件，有助于提升扶贫效果，帮助贫困群众更快脱贫。临夏州在扶贫过程中，为贫困农村修路、引水、通动力电、通互联网等，极大地改善了贫困农村的基础设施，提高贫困群众的生活水平和生产条件，方便了他们与外界的沟通，增加了信息和物质的交换。有研究表明，贫困不是贫困群众的罪过，不是因为他们不愿意劳动，不愿意与外界沟通，不愿意改变现状，也就是说不是他们自己的问题，而是他们的生活条件和生产条件限制了他们，不是他们自己不努力不愿意改变，而是客观条件限制了他们的思想和愿望，抑制了他们努力改变的行为。临夏州每个村都有水泥硬化的道路，路一直修到了村民的家门口，联通了农村和外界的城镇，使得村民和外界都市之间的人员和物资的交流更加便利。每个村都通上了动力电，使得农业生产实现了人机组合，提高了劳动效率。每个村有了互联网，让村民在深山里可以与世界沟通，通过电子商务把需要的物资买进来，把生产的农产品销售到全世界，形成了信息和物资的互联互通。通过修建水利工程，把黄河、洮河、大夏河的水引到干旱缺失的东乡县、临夏县，解决了农业生产用水，改善了农业生产条件。

三是教育是根本，是摆脱贫困的根本之策。贫困与人类的基因一样，会代代相传，因此，脱贫就需要从根本上铲除贫困的根源，斩断贫困代际相传的"基因"。这就需要做好对下一代的教育。临夏州一致将教育作为扶贫重要措施，建学校、培养教师，依法让孩子接受教育，极大地提高了贫困人口的文化素质。不仅如此，临夏州还在全省乃至全国首先实行15年免费教育，让更多农村贫困家庭的孩子接受到了比城市孩子还要多的普通教育和职业技能培训，使得贫困家庭的下一代有了更多的知识和技能，从而有了更多改变贫穷落后的机会。不仅如此，临夏州在扶贫中，实施保学控辍政策、"雨露计划"和"两后生"政策，让贫困家庭未成年的孩子都能得到知识教育和技能培训，使得孩子们比他们的父母长辈有了更先进的思想、开阔的眼界、丰富的知识和谋生的技能，从而有了彻底改变命运、改变生活方式的可能。

总之，临夏扶贫脱贫，是从改变外在环境和贫困群众内心两个方向发力，改变了内外两个条件，从而激发内外互动，共同作用于反贫治贫，取得了扶贫脱贫的胜利，让更多贫困人口摆脱了贫困的束缚，走上了共同富裕的道路。临夏的经验告诉世界，追求美好生活是所有贫困人口的内心不曾熄灭的梦想，勤劳致富是多数贫困人口都有的美德，只要帮助他们改变生存环境，帮助他们接触外在世界，接触先进知识和技能，获得公平的发展机会，他们就会依靠自己的双手和智慧，以及辛勤的努力，战胜贫困，改变自己、改变世界。

参考文献

《习近平谈治国理政》，外文出版社2014年版。

《习近平谈治国理政》第2卷，外文出版社2017年版。

《习近平扶贫论述摘编》，中央文献出版社2018年版。

《习近平关于社会主义经济建设论述摘编》，中央文献出版社2017年版。

《十八大以来重要文献选编》（上、中、下），中央文献出版社2014、2016、2017年版。

习近平：《摆脱贫困》，福建人民出版社2017年版。

习近平：《在决战决胜脱贫攻坚座谈会上的讲话》，《人民日报》2020年3月7日第2版。

《东乡县扶贫车间有效助推了脱贫攻坚进程》，甘肃·东乡网，http://www.dxzzzx.gov.cn/Article/Content?ItemID=a070a949-bfe3-4ef6-ba43-1d56d6549264。

樊涛：《和政：扶志与扶智并举 扶贫与脱贫共进》，中国临夏新闻网，http://www.lxgbtv.com/xinwen/32525.html。

《甘肃省人民政府办公厅关于印发甘肃省"十二五"农村扶贫开发规划的通知》（甘政办发〔2011〕198号），甘肃政务网，http://www.gansu.gov.cn/art/2011/8/12/art_194_9484.html。

《广河县"粮改饲"凝聚产业兴旺力量，走出脱贫新路子》，搜狐网，https://www.sohu.com/a/284618862_438489。

《广河县：以"粮改饲"打造产业扶贫新天地》，中国临夏网，http：//www.chinalxnet.com/m/view.php？aid=52780。

《国务院办公厅关于进一步支持甘肃经济社会发展的若干意见》（国办发〔2010〕29号），中国政府网，http：//www.gov.cn/zwgk/2010-05/06/content_1600275.htm。

《海沧发布产业帮扶：力争将雨具加工打造成积石山主导产业之一》，新浪网，https：//k.sina.com.cn/article_5112332878_130b8024e04000lgmq.html？from=news&subch=onews&sudaref=www.baidu.com&display=0&retcode=0。

《和政县：啤特果产业筑起"金山银山"》，中华人民共和国农业农村部网，http：//www.moa.gov.cn/xw/qg/201908/t20190829_6326845.htm。

洪文泉、薛砚：《走出深山 开启新生活——东乡县推进易地扶贫搬迁纪实》，中国甘肃网，http：//www.gansu.gov.cn/art/2018/8/31/art_36_390205.html。

《健康扶贫，看看临夏州怎么做》，搜狐网，https：//www.sohu.com/a/232744191_456085。

金树军：《临夏州美丽乡村撬动旅游扶贫》，中华人民共和国农业农村部网，http：//www.moa.gov.cn/xw/qg/201909/t20190929_6329347.htm。

《康乐县：易地扶贫搬迁 搬出群众幸福感》，天天快报网，https：//kuaibao.qq.com/s/20191018A097DV00？refer=spider。

《康美六位一体模式》，搜狐网，https：//www.sohu.com/a/219389796_671395。

李杨：《没想到咱也端上了"旅游+"的"金饭碗"》，中国甘肃网，http：//gansu.gscn.com.cn/system/2020/04/09/012361646.shtml。

《"两西"建设》，陇西党建网，http：//www.longxidj.gov.cn/showxw.asp？id=15182。

《临夏积石山：光伏发电照亮山村扶贫路》，每日甘肃网，http://topic.gansudaily.com.cn/system/2019/10/11/017274915.shtml。

《临夏：加大金融扶贫信贷投入 壮大特色产业助力"三农"》，腾讯网，https://xw.qq.com/amphtml/20200324A0H36500。

《临夏康乐县危房改造圆精准扶贫户"安居梦"》，中国新闻网——甘肃新闻，http://www.gs.chinanews.com/news/2015/09-17/263970.shtml。

《临夏市"教育振兴"谋新篇：深化教育改革促发展 书写人民满意的教育》，http://www.lxs.gov.cn/Article/Content?ItemID=ebffdc48-3b38-4243-b169-271e5cd2eee8。

《临夏市清河源食品股份有限公司"百企帮百村"行动见闻》，临夏市政府网站，http://lx.gansudaily.com.cn/system/2017/06/28/016743074.shtml。

《临夏县加大易地扶贫搬迁后续产业扶持力度》，临夏回族自治州人民政府门户网站，http://www.linxia.gov.cn/Article/Content?ItemID=682cd27b-ad26-46af-b664-30d46632a21c。

《临夏州2019年度脱贫攻坚工作总结》。

刘诗楠：《甘肃临夏助推劳务输出打造百亿产业》，国际在线网，http://news.cri.cn/20181102/547a778d-dcfc-9372-706c-e0efbe578291.html。

刘燕华、李秀彬：《脆弱生态环境与可持续发展》，商务印书馆2001年版。

刘音好、冯瑶：《走出"深度贫困"农行临夏州分行金融助力精准扶贫工作侧记》，中国金融新闻网，http://www.financialnews.com.cn/ncjr/jrfp/201903/t20190305_155668.html。

鲁剑：《西北民歌花儿集》，甘肃人民出版社2002年版。

罗赟鹏、张陇堂：《临夏州：旅游铺就脱贫致富路》，《中国旅游报》2019年11月27日第2版。

麻红梅:《临夏州村级产业发展互助社调查》,《民族日报》2015年6月30日。

马海山:《临夏自治州成立60周年扶贫工作综述》,《民族日报》2016年10月11日。

马娟:《临夏:一个贫困州的免费教育实践》,《21世纪经济报道》2013年10月15日。

马麒:《临夏州团咀村:"3+1+1"冲刺清零进行时》,甘肃日报网,http://gsrb.gansudaily.com.cn/system/2010/12/13/011808860_04.shtml。

马绮徽:《临夏州控辍保学工作背后的故事真感人》,《未来导报》2018年4月8日。

马青勇:《积石山县特利强雨具扶贫车间让农家妇女成为产业工人》,搜狐网,https://www.sohu.com/a/314335053_120158624。

《美了乡村 富了乡亲——康乐县发展壮大旅游产业纪实》,搜狐网,https://www.sohu.com/a/136309502_330900。

《谋民生之本筑强州之基——临夏州教育事业全面发展述评》,中国甘肃网,https://gansu.gscn.com.cn/system/2020/01/03/012298568.shtml。

乔栋明、马进忠、张志强:《打通金融服务农村最后一公里——临夏县发放创业贷款助力脱贫攻坚侧记》,《民族日报》2020年2月28日。

沈国伟、马志勇、丁秀平:《临夏回族自治州史话》,甘肃文化出版社2015年版。

王睿君:《打造精准扶贫新引擎——临夏州开办"扶贫车间"的实践》,中国甘肃网,http://www.gansu.gov.cn/art/2018/11/13/art_36_412896.html。

王睿君:《发展集体经济 做强富民产业——临夏市南龙镇马家庄村发展壮大集体经济见闻》,《甘肃日报》2018年9月

19日。

王睿君:《临夏：发展劳务经济　拓宽增收渠道》,《甘肃日报》2020年1月2日第1版。

王睿君:《拓宽脱贫致富路——临夏州多措并举推进就业扶贫纪实》,中国甘肃网,http://gansu.gscn.com.cn/system/2019/01/08/012097896.shtml。

王睿君、幸福:《全域旅游风帆劲——临夏州旅游业发展综述》,中国甘肃网,http://www.gansu.gov.cn/art/2018/8/7/art_36_388987.html。

王生朝、马季、赵仁娟:《昔日大山阻隔　如今大路通村——临夏州东乡族自治县交通扶贫攻坚纪实》,甘肃省交通厅网站,http://jtys.gansu.gov.cn/fpgj/6302.html。

王伟如:《临夏州实施易地搬迁工程惠泽山区群众》,每日甘肃网,http://lx.gansudaily.com.cn/system/2016/10/08/016434431.shtml。

王文霞、申国鹏:《"脱贫路上不能让一个人掉队"——记积石山县柳沟乡阳山村党支部书记安福雄》,中国临夏网,http://gansu.gscn.com.cn/system/2017/05/08/011697869.shtml。

王永、孟晓蕊、孔令熙:《激活脱贫攻坚"一池春水"——临夏州就业扶贫纪实》,中华人民共和国人力资源和社会保障部网,http://www.mohrss.gov.cn/SYrlzyhshbzb/dongtaixinwen/dfdt/201905/t20190527_318516.html。

幸福:《纪念改革开放40年:致敬临夏传奇故事》,搜狐网,https://www.sohu.com/a/279653393_412612。

幸福:《雨具加工厂落户积石山　解决当地妇女就业》,《民族日报》2018年9月24日。

尹始学:《临夏州大力加强教师队伍建设纪实》,《民族日报》2013年12月25日。

尹始学：《样板村的致富路——临夏州积石山县刘集乡河崖村精准扶贫工作见闻》，《民族日报》2017年3月30日。

俞树红：《打好特色牌 奏响四季歌——临夏市深耕特色乡村旅游市场综述》，中国甘肃网，http：//gansu.gscn.com.cn/system/2020/01/08/012300841.shtml? spm = zm5104 - 001.0.0.1. Eqjazz&file = 012300841.shtml。

张姝：《站在同一个起跑线上——全州开展教育扶贫之优化教育篇》，《民族日报》2019年11月25日。

赵怀斌、梁永吉：《"贷"出一片生机——临夏县撬动金融资本助力脱贫攻坚侧记》，《民族日报》2020年3月12日。

赵淑娴：《搬下山来天地宽——东乡县易地扶贫搬迁见闻》，每日甘肃网，http：//lx.gansudaily.com.cn/system/2017/07/19/016764816.shtml。

邹海林：《发展劳务产业 壮大劳务经济——临夏州劳务输转工作综述》，每日甘肃网，http：//gansu.gansudaily.com.cn/system/2017/11/28/016857746.shtml。

邹海林、雷继英：《临夏州实施2010年农村饮水安全工程解决30万人饮水安全问题纪实》，《甘肃日报》2010年12月13日。

邹海林：《临夏：免费教育奠基跨越发展》，每日甘肃网，http：//lx.gansudaily.com.cn/system/2014/06/13/015051023.shtml。

MA. Millenium Ecosystems Assessment：Ecosystems And Human Well-Being：Synthesis［R］. Washington, DC：Island Press, 2005.

后　记

　　扶贫是政府给予必要的帮助，扶持贫困人口获得更好的生产生活条件，从而使贫困人口依靠自己的努力获得比以前更多的收入，使得现状比以前更好，且越来越好，最终战胜贫困的过程。脱贫则是贫困人口获得更好生存环境和更先进的生产条件，通过自己的努力，提高劳动所得，并延续这种生产生活方式，彻底改变贫困落后状态，战胜贫困的生活生产方式。临夏州从20世纪50年代以来，经过近65年的不懈追求和辛勤奋斗，即将实现现行贫困标准下贫困人口清零的伟大目标。这是一个伟大的巨变，也是多少年来200多万临夏儿女梦寐以求的愿望。战胜贫困，过上小康生活，这在过去看来遥不可及、不可能实现的梦想，就要在2020年实现了，让人激动不已，感慨万千。回想过去，父辈们传说中的卖儿卖女、乞讨生活的悲惨故事依然还在耳边，记忆中旧城旧貌、粗茶淡饭、一生进不了一两趟城、一件衣服穿上好几年的清贫生活还依然清晰如昨日。中华人民共和国成立以来，在党的领导下，临夏人民的生活有了保障，改革开放以来，特别是党的十八大以来，全面扶贫的力度加大了，扶贫更加精准了，方式更加多样了；贫困群众脱贫增收的渠道多了，脱贫致富的步伐加快了。精准扶贫、精准脱贫由外及里，从物质扶贫到精神扶贫，充分激发了贫困群众的内生动力，使他们从解决温饱到居有定所、老有所养、幼有所教、病有所医、业有所从、心有所盼、志有所向，从"帮我脱贫"

到"我要脱贫""我要幸福",完成了反贫困的角色转化和动能转化,实现了贫困群众追求美好幸福生活的"自我启动",达到了精准扶贫、精准脱贫设定的目标。

"全面小康一个也不能少,哪个少数民族也不能少",习近平总书记斩钉截铁的话语,道出了中国共产党带领全国人民实现全面小康,实现中华民族伟大复兴中国梦的坚定决心。在党中央坚强领导下,在各级党委政府和社会各界大力帮扶下,临夏州31个少数民族群众步入史诗般的宏大减贫历程,奏出了华彩的乐章。贫困人口从党的十二大前夕的90.02万人减少到2019年年底的3.25万人,贫困发生率从52.04%下降到1.78%,距离100%脱贫只差一步之遥。这一巨变来之不易,光亮的数字后面,是无数个动人的脱贫故事,是近百万贫困群众辛苦的努力,是无数干部夜以继日的工作和付出,印证了习近平总书记那句"幸福是奋斗出来的"的至理名言。精准扶贫和精准脱贫使临夏州的城乡面貌焕然一新,百姓生活的幸福指数节节攀升。历史从未像今天这样,让临夏的每一寸土地,都承载着机遇和希望,并因此而催生了抢抓机遇、奋勇前行、开拓创新的无穷动力。全州200多万各族群众正在携手共建一个富裕和谐、充满魅力的新临夏,必将呈现在美丽大夏河畔。

幸福是一个群体认同的感受,富裕是物质和精神的满足和升华。在中国进入新时代以后的未来一段时期,发展不平衡不充分的矛盾将依然存在,从绝对贫困进入相对贫困将是中国社会共同面临的新挑战,消灭绝对贫困只是中国社会实现共同富裕的阶段性成果,而相对贫困将是长期需要解决的难题。可喜的是,经过精准扶贫、精准脱贫,临夏州贫困群众已经完成了精神上的脱贫,对战胜贫困有了足够的信心,有了思想上的充分准备。未来,只要保持这种上进、勤劳和踏实,实现现代化和共同富裕的目标也是时间的问题,定会圆满实现。

脱贫攻坚是一场史诗级的伟大会战,与这场会战同行,实属幸运。特别是作为临夏人，亲眼看见家乡面貌和乡亲们生活的巨大变化，心中无时无刻不充满感念。能把记录这些变化的文字编辑成册，既是对这一史诗级会战的敬意，也是对家乡所尽的一份绵薄之力。由于时间紧促，恰逢疫情，因此书中引用了省、州政府官网及官方媒体的各类报道资料，书后参考文献将引文逐一列出，这里向他们表示衷心的感谢和诚挚的敬意。

王永明，1972年10月生，甘肃临夏人。经济学博士，副教授，现为中共甘肃省委党校（甘肃行政学院）经济学教研部党支部副书记，研究生导师，担任领导干部培训及党校研究生教学工作，多次深入县市乡村调研，参与过甘肃省定西市安定区扶贫实践与经验研究课题，执笔《定西市安定区扶贫实践与经验》报告，对甘肃省县域经济和扶贫工作有深入的了解和研究。近年来撰写智库建言和学术论文十多篇，负责省级课题2项，参与省级课题3项。